U0073716

沒有人天生就會當父母，唯有孩子才是最好的老師！
對孩子，其實不必從1數到3，教養轉個彎，爸媽也能輕鬆抓住孩子的心！

好父母是學來的！

強力推薦
素質教養專家
王擎天

亞文文教機構親子教育專題講師 莫旻 ◎著

| 作者序 |

父母，需要變法維新

你有想過，你會成為什麼樣的父母嗎？

每位家長都有一套自認為獨一無二的家教法，雖然目的都是希望孩子能出色成長、並擁有非凡的成就，但好孩子並不會從天上掉下來，而是由父母「悉心調教」，並依據孩子獨特的天賦而教育出來！但其實，沒有人天生就會當「爸爸媽媽」，反而是孩子賦予我們學習的機會，使父母在教育孩子的過程中強化這個角色。

當孩子犯錯時，有不聽孩子解釋，嚴厲指責的父母；有溺愛孩子，一味怪罪他人的父母；有冷漠以對，放任不管的父母；甚至也有原則不堅，讓孩子無所適從的父母……。除此之外，當然也有理智開明，會聽孩子解釋並適時給予指正的父母！你，是哪一個呢？

其實，孩子就如同一面鏡子，你的言行舉止與態度便是塑造他未來形象的關鍵！試想，當你對著鏡子做出怒氣沖沖、刻薄淡漠的臉色時，鏡子中的你就是反映出現在的相貌；同理可證，當你希望孩子聽你的話，成為人見人愛的好孩子時，身為爸媽也應學習放下大人高高在上的外殼，彎腰傾聽孩子的內心世界，當他們感受到你的理解與關懷後，也同樣會以你對他們的形象回饋給你。

我希望孩子聰明優秀，所以從他還在地上爬行開始，我便學著

放手讓他探索這個世界，儘管我還是擔心孩子的安危，但也不會輕易阻止他說「這裡危險」、「那裡很髒」等，即便孩子遭受阻礙，我也會忍著想幫忙的衝動，讓他先摸索、找到解決方法，因為我了解過度的限制會抑制孩子各項能力的發展，唯有讓孩子從種種經驗中找到解決的出路，他們才能真正綻放自己的潛能！

　　大家都希望自己的孩子能避免犯錯，但我卻希望孩子從小就能多犯點錯！當家長聽到這個說法，免不了投以異樣眼光，其實我認為孩子「犯錯」是一個很好的教育機會，雖然平時就要教導孩子，但當問題發生在自己身上時，他便能更加感同身受，而父母此時的傾聽、理解到最後協助孩子解決問題，將能使其降低錯誤再犯的機會。

　　而這項領悟也是我從女兒莫莉花、兒子莫札特、參加親子講座中的家長們，以及補習班學生、鄰居、朋友的經驗中綜觀出來。故此次我將在本書中囊括現今孩子常會出現的缺失與親子問題，提供父母教養方向，並在其中收錄「親子延伸題」，使父母在學習教孩子時能有更深一層的體悟，以幫助孩子培養各方面能力。期望天下家長都能與孩子一同學習成長，打造一座互通有無的親子橋樑！

亞文文教機構親子教育專題講師

教養模式自我大檢測

～你在孩子眼中是什麼樣的父母？

　　當孩子誕生到世界上後，「教養」便是每位父母的責任，因其關乎孩子未來人格的養成及做人處事的概念。其實，「教養」的定義，就是在養育孩子的過程中，教導他正確的觀念，使孩子從經驗中習得解決問題、培養積極正面的態度。雖說每位父母「教好孩子」的目的都相同，但方法卻各有所異。有些能與孩子交心，有些卻是受到孩子極大的反彈，並且在不同的教養氛圍下，孩子的個性也大為迴異。因此在調整教養方法之前，我們應先認清自己的教養模式。以下為教育專家學者們所歸類出的教養方式，父母可就此對照打V，最多選項者為其傾向的教養模式，可藉此了解孩子性格養成的原因，進而調整與孩子的相處模式！

你是屬於哪種「管教」方式？

＊嚴厲威權型教育

教養方式

☐ 由於受到傳統家庭教育下的影響，認為父母有至高無上的權威，子女必須唯命是從，不得有所反抗。

☐ 認為「棒頭出孝子」、「非打即罵」是管教孩子的家教法則。

☐ 對子女有高度的要求和掌控，但與他們缺乏溝通，甚至很少在情感

上給予他們支持與鼓勵。

□ 對孩子說話經常帶著情緒性字眼,甚至會諷刺、挖苦孩子。

□ 不常與孩子聊天,甚至不去理解他的想法,只希望孩子一味服從。

透視孩子性格

　　由於這一類的父母在教育孩子時,態度生硬、言語粗魯且缺乏感情,甚至有時會諷刺、打罵。因而孩子的性格往往會出現下列情況:

1. 孩子會出現粗暴、敵對,甚至是蠻橫無理的行為。

2. 個性上容易出現懦弱膽怯、自卑消極等負面特徵。

3. 受到嚴厲管教下的孩子會產生心理與行為失調的情形,甚至有離家出走、偷竊等負面行徑。

✽放任型教育

教養方式

□ 父母會盡量滿足孩子物質上的需要,且有求必應。

□ 通常不太會過問孩子的表現,任由他們自行發揮。

□ 很少傾聽孩子的心聲,以及分享生活中的喜怒哀樂。

□ 對於孩子的掌控,以及合理要求和溝通等三方面較低,即便孩子出現問題,也不會加以糾正和引導。

□ 無論孩子是快樂、傷心或是憤怒,都不會回應孩子的情感。

透視孩子性格

　　這一類父母大多因家中生計而忙得分身乏術,導致忽略了孩子的家庭教育,並認為他們只要健康無虞即可。因而孩子的性格往往會出現下列情形:

1. 孩子容易出現唯我獨尊的性格，如自私、散漫，想法偏激，甚至沒有是非觀念。

2. 孩子在情感上較為冷漠，沒有同理心，甚至缺乏責任感。

3. 對於缺乏知識與判斷能力的孩子，容易因不良環境而染上惡習，誤入歧途。

＊保護型教育

教養方式

☐ 經常對孩子嘮叨，且無論大小事情都要管，希望能掌握與孩子相關的所有活動。

☐ 不放心孩子做任何事，總認為他們不能獨立行事。

☐ 過度保護孩子，並總是擔心他們遇到挫折或困難，因此很少讓他們嘗試新事物。

☐ 當孩子有任何要求時，只會一味地給予支持，但不會提出正確原則與觀念。

☐ 當孩子遇到問題時，會趕緊幫忙解決，很少讓孩子從錯誤中學習經驗。

透視孩子性格

　　這一類的父母總認為孩子缺乏能力，無法將問題處理妥當，導致出現過度保護的情形。因而孩子往往會出現下列情況：

1. 對任何事都缺乏好奇心、求知慾和探索慾，以致於影響其智力發展。

2. 由於過分依賴父母，導致自理能力差。

3. 因父母過度保護，使得孩子很少與他人交往、缺乏同理心，不懂與他人的相處之道，進而出現自私、孤僻、依賴、抑鬱的性格。

＊民主理想型教育

教養方式

☐ 父母經常以身作則，說一是一，說二是二，是孩子的行動榜樣。

☐ 當孩子做錯事時，不會以諷刺語言責備他，而是就事論事地討論改進方針，讓孩子承擔錯誤所帶來的後果。

☐ 不會大聲喝斥孩子，而是以理性的角度來管教他。

☐ 經常關心孩子的日常生活，了解他的問題，在適當時機給予指導方向。

☐ 不會以恐嚇、威脅等方式逼迫孩子聽話，而是用道理服人。

透視孩子性格

　　這一類的父母不會以威權來強壓孩子，而是以道理與原則讓孩子心悅誠服，故孩子的性格較為積極正面，並具有以下特質：

1. 孩子的思維能力、靈活性與獨立性較高，且求知慾旺盛。

2. 孩子有自信心，凡事都能以積極正面的態度來解決問題。

3. 孩子較有同理心，能設身處地為他人著想。

[作者序]　**父母，需要變法維新**　亞文文教機構親子教育專題講師　莫旻

★ **教養模式自我大檢測** ～你在孩子眼中是什麼樣的父母？

PART 1　拿捏「管」與「教」的完美權衡

PART 2　別讓成績壓垮孩子的學習興趣

 **PART 3** 潛移默化中塑造良好品格

Part 4　構建屬於孩子的真實力

Part 5　父母心態正向，孩子未來無限

 **PART 6** 讓孩子成為生活道路上的強者

PART 1

拿捏「管」與「教」的完美權衡

教養裡不該有「算了」！

拿出父母的正當權威管教孩子

～教養，學習堅持原則

輕鬆教養談

孩子年紀越小，父母越需要有堅守「原則」的態度，偶一為之的「例外」，是等孩子心智成熟後才能拿出來變通的！

親子Story

還記得有一天去百貨公司時，看到一個小男孩吵著要媽媽買新上市的模型汽車，由於這是多數家長都會遇到的情景，便好奇地停下來看看這位媽媽會如何處理。只見媽媽轉頭微笑地對小男孩說：「你真的很喜歡這輛汽車嗎？」

小男孩猛點頭，還說：「它真的很酷，可以變形，而且速度還很快！」

媽媽認同地點點頭，並說：「它看起來真的很不錯……但怎麼辦呢？媽媽今天只準備購買日常用品的費用，沒有多餘的錢買這輛汽車……」這時，孩子的「耍賴」戲碼開始上演！

　　小男孩聽完媽媽的話，依舊駐足在那輛車前面，不走就是不走。只見媽媽也跟他僵持在那兒，並無妥協之意！但媽媽還是耐心地說：「我們今天原本就沒有準備多餘的錢買汽車，這是你也知道的事情！我想……或許可以等你生日的時候再買給你，你覺得呢？」

　　媽媽將選擇權丟回給小男孩，但他仍然希望能買下來，便站在那兒，吵鬧了好一陣子。儘管如此，媽媽還是維持她的原則，不知過了多久，倔強的小男孩才跟媽媽離開。看完這一幕後，我想這位媽媽的「堅持」，最終會換來明理懂事的小孩！

「原則」下長大的孩子最幸福

　　孩子需要「管教」，這是父母們的共識！但該怎麼「管」，用什麼方式「教」，才不會引起孩子反彈，卻又能為他們所接受，便是考驗父母們的智慧！

　　孩子要賴要求買玩具的情景，相信許多父母都曾碰過，而處理方式不外乎有以下情形：

1. 訓斥責罵

　　當孩子提出「要賴」的過分要求時，有些個性比較急的家長就會嚴厲訓斥孩子，甚至打他們一頓。其原因有二：一是孩子的無理

取鬧讓自己沒面子，二是父母認為孩子不能體諒他們賺錢的辛苦，不懂家庭的經濟狀況等。然而，父母若是一不高興就訓斥孩子，只會讓他們更加害怕而不敢與父母溝通。最後，孩子不僅不知道自己錯在哪裡，還會進一步影響其身心發展與親子關係。

2. 數落嘮叨

當孩子出現「耍賴」情形時，父母會不停地數落孩子，尤其以媽媽最為常見。例如當孩子想要某一樣東西時，家長會以尖酸的言語說「平時你也沒多乖，我為什麼要買給你」、「要你念書你都不肯，我才不要買呢」……諸如此類，以諷刺言語來「刺傷」孩子幼小的心靈，直到他麻木放棄為止。根據調查顯示，現今孩子最討厭的管教模式就是父母嘮叨、數落等「言語暴力」。假使在孩子年紀還小、不懂事時，就被父母一直批評，便容易產生沒自信、自卑等問題，而當孩子成熟、有了自己的判斷力後，便會對家長產生怨恨，進而使親子關係疏離。

3. 放任滿足

有些父母因疼愛或無暇照顧孩子，便會盡量滿足孩子物質上的需求，在他們要什麼有什麼的放任情況下，很容易就成了家裡的「小皇帝」、「小公主」，因而教育出任性、自私的性格。或者，也有孩子在要不到東西的情況下開始哭鬧，若父母不堅定立場而妥協買給他們，往後孩子就會以這種方式取得，變得得寸進尺、不可理喻。

4. 商量討論

在前述故事中，這位媽媽並沒有因為孩子的要求而怒火中燒，也不因孩子不懂父母的辛苦而惱火。這是由於媽媽感受到孩子對玩具的喜歡之情，故利用商量口吻與其溝通。並且，媽媽知道若是冒然拒絕孩子，會傷了他的自尊心，造成隔閡。所以，她選擇將現實情況告訴孩子，期望他能體諒，並給孩子選擇的權利，讓他自己決定要繼續站在那兒，還是等到生日時再買。儘管孩子依舊倔強地站在汽車前，但不為所動的媽媽還是堅持原則，讓孩子知道自己並不會因為他的吵鬧而妥協，進一步杜絕孩子耍賴的個性，形成自律理智的良好品格。

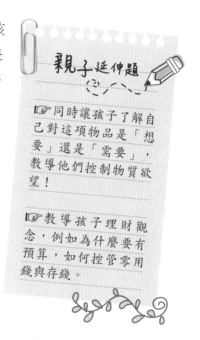

親子延伸題

☞同時讓孩子了解自己對這項物品是「想要」還是「需要」，教導他們控制物質欲望！

☞教導孩子理財觀念，例如為什麼要有預算，如何控管零用錢與存錢。

此外，當孩子出現哭鬧行為時，也有父母會以央求、妥協的方式來制止，例如「媽媽求你了」、「不哭不哭，等等買給你」等。兒童教育專家建議，父母最好不要用哀求的語氣向孩子說話，應採用適當的語言、合宜的表情、恰當的手勢等與孩子講道理，使其主動停止胡鬧行為。

另外，國外親子教育專家也建議，父母們不要對孩子說「不能買」、「不行」等詞語，可給予他們幾種選擇來解決，例如「你想下次考試進步時，還是寫完一篇優秀的作文時再買呢？」如此一

來，孩子不僅容易接受，更能使其擁有自行選擇的權利，讓他們為自己的決定負責。

然而，孩子依舊哭鬧不休時該怎麼辦呢？我建議父母先不理會孩子哭鬧的行為並退居一旁，讓孩子自己冷靜下來，或是父母先做自己的事，等待孩子停止哭鬧為止。事實上，孩子哭鬧是在試探父母的反應以引起他們的重視。當父母回應、哀求他們時，實際是在鼓勵、強化孩子的哭鬧行為，最終便會演變成父母無奈妥協的地步。

相反地，當父母不理他時，孩子會意識到哭鬧無法達到目的，最後便會停止。但假使孩子極其任性、哭鬧不休，父母可說個小故事轉移孩子的注意力，使其停止。而針對孩子無理取鬧的行為，父母千萬不能心軟，應理智對待；等到孩子情緒穩定後，再予以溝通，指正其錯誤行為，可以防止孩子形成自私任性、予取予求的性格！

 孩子喜歡你這樣教！

＊平等民主

　　孩子們喜歡父母平等地對待自己，即使自己犯了錯或無理取鬧，也不希望父母輕易妥協或嚴厲責備。孩子希望父母聽他們說話，並且與其溝通，而不是一味地制止、責罵。事實上，他們很喜歡聽大人的經驗談，在輕鬆和諧的狀態下，孩子不僅能吸收長輩經驗，父母也可進一步了解孩子的想法，營造良好的親子關係。

＊傾聽

　　傾聽是對話、交流的基礎，是把屬於孩子的話語權還給他們的最佳方式。當孩子有權利和機會在父母前表達自己的意願時，他們就能從中學會傾聽、服從，使親子溝通變得和諧愉快。

＊少說少做

　　根據調查指出，孩子們不希望父母時時耳提面命地提醒、命令自己該做什麼，反而期望父母能少說少做，並當他們真的遇到困難時，才告訴自己具體的解決辦法，而不是數落自己的錯誤。畢竟，孩子的成長是由經驗與犯錯中堆砌而成，唯有從中汲取教訓，才能讓孩子建立正確、積極的處事態度！

不要打罵犯錯的孩子！

讓「了解」比「打罵」先一步
～教養，學習寬宏大量

輕鬆教養談

儘管孩子多麼優秀，父母教育多麼明智，孩子依舊有可能會做出令人驚訝的錯事。但父母們千萬別驚慌，唯有理解才能幫助他們反省！

親子Story

　　以下是鄰居孩子們發生爭執的故事，對於其父母的處理方式，我認為非常值得大家參考與學習。

　　有一天，鄰居吳先生來找樓下的簡太太，說她兒子小威把他們家女兒如如罵哭了，這時小威剛巧從外面回來，但卻是一臉氣嘟嘟的模樣。

　　簡太太跟吳先生說：「他們兩個一向很要好，怎麼會突然吵架了？剛好小威回來，我先了解一下事情始末，如果是小威不對，我待會再帶他去你們家道歉。」

　　吳先生微笑地摸摸小威的頭，說道：「沒關係，我只是過

來說一聲！我想小威也不會平白無故罵她，回家我再問問如如原因！」

等吳先生回家後，她拉著小威坐下來，溫柔地摸著兒子的頭，說道：「兒子，為什麼要罵如如呢？」

「我向她借可以聲控的娃娃來玩，她不借就算了，還笑我沒有這種娃娃，我一生氣就罵了她！」小威越說越不高興。

聽完後，她雖然知道兒子的自尊心受傷了，但覺得罵人畢竟不對，便正色道：「媽媽知道你受委屈了，但是你罵如如就是不對！你跟她交情那麼好，卻因為她說錯一句話就罵她，媽媽對你的行為感到非常難過。」說完，便不發一語地盯著小威。

小威一看到媽媽的臉色，就知道媽媽生氣了，低著頭，等著媽媽更嚴厲的責備。但沒想到，媽媽卻一把將小威抱入懷裡，柔聲說道：「媽媽知道你受委屈了，如如不給你玩具玩，甚至還笑你，我知道你氣不過才罵她，但這是不對的！儘管你沒有跟她一樣的玩具，但罵人就是一種傷害，假如今天換作是你，相信你心裡一定也不好受！另外，我們也不用凡事都跟別人比較，應該要向他人學習優點，而對於別人的缺失，則是作為警惕，知道嗎？」

小威聽完媽媽的話後，心情平靜了許多，也了解自己確實做錯，便帶著歉意，望著媽媽說：「對不起！我不應該那麼對如如，等一下我會去找她道歉！」

在感受到小威發自內心的歉意後，媽媽也欣慰地笑了！

理智，才能教出通情達理的孩子

　　當孩子犯錯被人告狀時，大多數父母都會因失了面子而相當生氣，直覺認為一定是孩子的錯，甚至有些父母還會因克制不住情緒，對他們加以責罵、體罰，雖然當下消解了怒氣，卻忽略了解孩子錯誤行為的背後原因。長久下來，不僅加深孩子對父母的怨懟，還會造成親子關係的疏離！

　　事實上，順著自己情緒來處理孩子問題，如打罵、懲罰等，反而會為他們樹立壞的榜樣。因父母的言行舉止，一直都是孩子學習的範本，當他們看到父母情緒化的處理方式，也會複製起來，成為往後遇到問題時優先出現的反應。例如孩子犯錯，父母以責罵、暴力來教訓孩子，則其以後也會如此面對問題。

　　所以，父母有如一面鏡子，你的行為舉止將會活生生地映照在孩子心裡，進而影響他未來的行為與觀念。因此，當孩子犯錯或遇到問題時，應像小威媽媽一樣通情達理，不因鄰居的告狀來指責孩子，而是了解原因後，先接納與體諒孩子的不平情緒，待其冷靜後再解決罵人問題。

　　針對孩子的錯誤，小威媽媽並沒有因此大發牢騷，而是溫柔地寬慰兒子，並以義正詞嚴的態度，指正他的缺失。如此一來，孩子不僅感受到媽媽對他的寬容而改進錯誤，也能學習父母以冷靜理智的方式來解決。

　　其實，面對孩子的問題，父母外顯的「管教」模式，正是孩子的學習目標。故身為父母，必須做孩子的榜樣，以下為其注意的事

項：

1. 溝通

　　「溝通」是促進親子關係更為緊密的良方。在教育孩子時，必須經過溝通才能發現問題癥結，並給予孩子申辯的機會。此外，藉由「溝通」不僅能平撫孩子情緒，取得信任，還能避免父母誤解孩子。其實，「溝通」是人與人間的相處之道，唯有從家庭中開始落實，孩子往後才能以正向態度來解決所有問題。

2. 言語措辭要到位

　　教育孩子時，言語的選擇和使用須視當下情況而定。例如當孩子出現「打人」、「偷竊」等較為嚴重的問題時，批評孩子的言語須堅定且嚴肅，切勿帶有情緒性字眼，如「你偷東西讓我很丟臉」、「我對你相當失望」等；此外，還要明確告訴孩子這些行為不僅錯

親子延伸題

☞ 經常讓孩子玩「換位思考」的遊戲，如爸媽與孩子的角色互換等，藉此培養同理心。

☞ 時常與孩子分享日常生活的經驗，引導孩子說出想法，以了解其心理。

誤，對他人還會造成困擾，進而影響別人對自己的觀感。甚至也請孩子換位思考，假使自己是對方，其感受如何，讓孩子了解受害者的心情，同理他人的不快。此外，父母應切記，批評不可過分嚴厲，應讓孩子了解爸媽的責罰，只是因為自己做錯了事情，但不影響對自己的愛。

3. 善用神態動作的親子默契

　　教育孩子時，有時並不需要言語，一個眼神、一個動作不僅讓孩子了解父母的想法，還可避免他們出現多餘的嘮叨。由於孩子和父母長期相處在一起，互相熟悉彼此的個性與底限，故有時家長的臉部表情與肢體動作可制止孩子的不當行為。

　　例如父母因孩子欺負人而生氣板著一張臉時，在這無聲的空間裡，子女必定能感受到父母對自己犯錯的不滿態度，也了解自己的行為讓父母失望。同樣地，當我們發現孩子對於某些事表示害怕退縮時，我們只需一個鼓勵的眼神、溫柔的擁抱，就可讓孩子信心百倍。因此，適當的神態動作，是父母和孩子間的祕密信號，運用得當將能達到良好效果。

　　其實，犯錯的孩子，首先想到的就是逃避，假使父母此時越加責備，那麼孩子的防衛心便會越重；反之，當父母表達體諒的立場，站在他的角度想著孩子此刻的心情，進一步用良性溝通讓孩子了解你正試著幫助他，願意體諒他、並相信他有能力處理時，他反而更能看見自己的缺失，並加以改正，進而建立對事情的負責態度。

孩子喜歡你這樣教！

＊言出必行

在教育過程中，我們不怕孩子犯錯，就怕孩子沒有從錯誤中學習而反覆犯錯，而絕大部分的原因都是父母沒有言出必行、說到做到所致。例如孩子作業沒有及時完成，有些父母會生氣地對孩子說：「抄寫15遍，以後如果沒寫都是這樣！」但下次當孩子犯了同樣的錯誤時，少數父母會因心軟而改成5遍，甚至免去抄寫的懲罰，如此一來，孩子會對爸媽的話打折扣，認為不聽也可，長期下來，將造成孩子無法徹底改正錯誤。因此，維持自己一貫的教養原則與態度，孩子將能有所依循，避免成為「累犯」，建立正確態度。

＊「說」不如「教」

許多父母遇到孩子犯錯時，總會嘮叨一堆，批評完孩子後，也沒提供他解決方法。其實在管教孩子的智慧中，與其用大道理說教，不如確切地幫助孩子分析錯誤、制訂解決問題的措施。當孩子犯錯時，建議父母只要用1分鐘的時間，讓孩子認識自己的錯誤；接著用1分鐘的時間來平復孩子的情緒，最後就是協助孩子找出改正錯誤的方法，避免下次再犯。只要父母抱持尊重孩子的心態，使其不斷探索和追求問題的根源，孩子將能從中習得經驗，進一步修正行為，使自己更上一層樓。

駿馬需要韁繩
而不是鎖鏈！

放手，是孩子獨立的先機
～教養，學習對孩子保持信心

輕鬆教養談

父母幫孩子做得越多，只會讓他們漸漸喪失未被開發的潛能；唯有當父母願意放手讓孩子嘗試，其能力才會超乎預期！

親子Story

　　曾經聽到一位學生述說他小時候想跟同學烤肉，但媽媽不准的情況，諸如此類的爭執事件，相信在許多家庭都會上演。故在此分享這則故事給天下父母。

　　「媽媽，這禮拜天我想和幾個同學一起去河濱公園烤肉，可以嗎？」在某一個星期五的晚上，她寫完作業後認真地問媽媽。

　　「寶貝，還是不要去了吧！在那兒烤肉很危險，又不衛生，媽媽怕妳一個人照顧不了自己！」媽媽聽到還是國小的女兒這麼說，不假思索地表示了自己的擔憂。

　　「可是，我已經五年級了！而且我們是好幾個人一起去，我會自己照顧自己的！」女兒努力地想說服媽媽。

　　媽媽看女兒非常想去，但是又擔心孩子會有危險，於是就說：「好吧！不然週日讓爸爸陪你們去，有大人看著也好！」

　　一聽到爸爸要去，原先充滿喜悅的心情馬上低落下來。因為其他同學都沒家長陪，只有自己帶了爸爸過去，這讓她感到不好意思！於是，便跟媽媽說：「那這樣我不去了！」

　　後來，這個歡樂的烤肉行程，她也沒有赴約，甚至還對媽媽生了好一陣子的悶氣！

能力高低，取決於父母放手度

　　在教育子女的過程中，父母經常會遇到類似情形，意即用自己無盡的「愛」把孩子鎖住！雖說「愛孩子」是父母的天性，但過度的保護與溺愛，不僅會限制孩子的能力，甚至還會毀了他的一生。

　　針對上述事例，我才發現這位學生的探索能力較同期學生低，也不太願意嘗試新事物。其原因在於父母的嚴格管教與限制，讓她失去許多與同儕遊玩、外出探索的機會，漸漸地，這位學生開始相信媽媽所謂的「危險」，例如烤肉不安全、幫忙切水果很危險……等。在長期受到管束與過度保護的情況下，她認為自己的能力有限，無法完好地處理、解決問題，甚至覺得自己做不好任何事，因

而過度依賴父母，自理能力較差！

其實，我建議這位學生的媽媽應放下擔憂，鼓勵孩子出去「玩」，因「玩」是孩子的天性，透過玩樂可釋放內心壓抑，使孩子更能融入真實世界中。此外，在與朋友玩樂的過程裡，還能進一步學會如何與人交往。假使父母想進一步了解孩子的朋友，可邀請他們來家裡玩，例如一起舉辦聚會、生日餐會等，創造孩子與人交往的環境和條件，進而教導社交人際的能力，學會尊重、分享、合作和遵守規則等。

甚至，當父母認為孩子的自制力不高時，可幫助孩子建立規則，例如與同學外出玩耍前，要先跟父母約定好回家時間，如有特殊情況，須提前打電話告知，以免父母擔心。另外，當家長對外界環境感到焦慮、不放心時，要隨時提醒自己「孩子已經長大」，有自己的是非觀念和判斷標準，相信他們能做出正確的決定。

其實，探查孩子的心聲，他們非常渴望脫離父母、單獨活動；父母的干涉不僅不會得到他們的認同，甚至還可能出現叛逆情緒。站在孩子的立場上，他們都有一顆亟待挑戰的心，即便遇到困難也總希望能自己處理，而父母只須扮演加油、輔助的角色。當孩子自行解決這些問題後，便能從成就感中建立信心。

知名作家小野認為，在親子關係中，孩子是獨立的個體，並非父母生命和意志力的延伸。曾經，他與女兒也碰過類似情形。當初，女兒計畫出國念書時，小野綜合各項考量希望她能到紐約，因其兒子在那兒就讀大學可互相照應。沒想到，女兒卻堅持遠赴義大利，儘管身為父親的他相當擔心，但也深知自己絕對不能作女兒開創夢想的絆腳石，因此他學習放手，讓孩子勇敢築夢。這令人掙扎

的決定，要父母做到真的很不容易。

　　培養孩子的獨立性，有助於他們建立自信與發展勇氣，而這也是孩子追求獨立自主的動力來源。尤其父母應營造一種情境、工作或任務給孩子，使其出現「我想嘗試」的感覺；接著「有嘗試」的機會；進一步讓孩子擁有「我能做得到」的體驗；最終產生「我可以」的信心。即便孩子在過程中失敗了，也不會因此一蹶不振，反而會加深他越挫越勇、勇於挑戰的正向心態。

親子延伸題

☞當孩子遇到問題時，父母不要急著善後，而是讓孩子從錯誤、失敗中學習。

☞讓孩子從小學習處理日常生活事宜，例如穿衣服、綁鞋帶等，並耐心等待孩子完成。

　　其實，每一位孩子就像一匹未成熟的駿馬，需要的是能掌控他們且不偏離軌道的韁繩，而不是緊看著他的鎖鏈，束縛其內心真實想法及自由活動的機會。假使父母能適度放開韁繩與導正方向，那麼孩子將能朝著目標勇於邁進。因此，在孩子的教育上，我們應該以道德規範和行為準則來約束並引導他們，而非以「鎖鏈」來限制他們的成長。

＊給孩子經歷的過程

「經歷」是孩子的成長密碼！西方有句諺語：「我對聽過的東西會忘記；但對於看過的東西會記得；而對於自己做過的東西，我會理解。」事實上，擁有親身經歷才能深刻地理解，在教育孩子的過程中，應多讓孩子獨立活動與創造經驗，例如選擇合適的時機，讓孩子和朋友們一起郊遊，可培養其獨立性。

＊給孩子明確的生活準則

給予孩子明確且能接受並運用在生活中的準則，可作為教育孩子的依據，以藉此約束和引導孩子行為。此外，我們設立準則的目的並非限制孩子，假使為了防止孩子發生危險，或者避免被壞人拐騙而阻止他們單獨行動，就是抑制孩子成長的機會。因此，唯有將放手的智慧拿捏得宜，才能發揮孩子無可限量的能力。

＊綱舉目張，鬆弛有度

父母教導孩子應是抓住一個大原則，而細節交由孩子執行完成，並千萬不要過度干涉他們獨立活動的權利和機會。例如制訂好家庭規則後，父母不必天天督促孩子寫作業，只要定期按照規則檢查即可，而當發現孩子違規時便按原則處理，孩子自然就會養成主動寫作業的好習慣。

保留孩子尊嚴與小心行使權威

～教養，學習適可而止

孩子天生就愛聽「大道理」，但充斥著「碎碎唸」的家庭，父母將少了與孩子好好「說道理」的環境！

　　某個假日，小姪子的爸爸媽媽因都去上班，所以他便來我們家玩。小姪子先在客廳看了一會兒卡通後，覺得無聊，便到院子看我新種的蘭花。突然「碰」地一聲，是盆栽掉到地上的聲音。我趕緊跑出去看，只見到姪子滿臉驚恐。

　　他一看到我便很緊張，深怕我會責罵他。但看他驚恐未定與了解自己犯錯的神情後，我就感受到這孩子知錯了，便關心地問：「怎麼那麼不小心呢？有沒有受傷啊？」

　　姪子一聽，當下愣住了，因為我不僅沒有罵他，反而還關心他。這時，姪子的眼淚嘩啦嘩啦地流了下來，哽咽說道：

「叔叔，對不起！我不是故意的！我只是想將蘭花拿近一點看而已。」

　　我摸摸姪子的頭，溫和地說：「沒關係，下次注意就是了！但因為盆栽重又溼滑，以後可以先戴手套再拿。」說完，我還教姪子辨別蘭花的品種與外型，聊得非常開心。後來，姪子回家也要求爸媽種了一盆蘭花，每次見面我們總是討論得不亦樂乎呢！

· ♥ · ♥ · ♥ · ♥ · ♥ · ♥ · ♥ · ♥ · ♥ · ♥ · ♥ · ♥ · ♥ ·

「忍怒」比「責罵」更有良效

　　其實，與孩子的健康成長相比，再珍貴的寶物也會顯得微不足道。父母以溫和、寬容的態度給孩子反省和改正錯誤的機會，便等於讓孩子在此過程中維護了尊嚴，意即尊重了孩子的人格後，他們才會心甘情願地改正錯誤。

　　因此，當孩子做錯事時，無論是哪個環節出了問題，適當的批評必不可少，但是父母必須謹記一項關鍵，批評就如同讚美一樣，是一種語言藝術。家長可以批評他的行為，但是不可以否定他的整體人格。如果是某件事做錯了，只要分析出是哪些地方出了問題，接著以這些具體錯誤，清楚明白地對孩子進行公正的批評，而不是一味地發洩怒氣。

　　美國賓州大學講座教授塞格利曼（Maryin E. P. Seligman）認

為，批評孩子的方式有正確與錯誤之分。方法正確與否，將明顯影響孩子日後性格的積極性與悲觀性。父母對孩子進行批評是為了抑制孩子的錯誤行為、品行與學習態度等，故為了達到改進目的，就要正確運用批評心理學原則與心理藝術，否則將可能適得其反。以下提出三項要點，供父母參考運用：

1. 恰如其分

　　過度批評會造成孩子強烈的內疚和羞辱感，但不矯正孩子的行為又會使其喪失責任感，而錯失了改正不良習慣的時機。其次，掌握樂觀的解釋性法則、實事求是地闡述問題、指出犯錯的具體原因，可讓孩子明白錯誤是能改善的。

2. 批評要合理

　　事實上，合理的批評可使孩子發自內心的接受。父母要責備孩子前，首先必須對他們的不良行為進行了解，若不清楚事實而一味批評，將使孩子產生反抗心理。因此，父母必須非常注意孩子的具體行為，觀察地越細微越好，如此一來，可幫助孩子察覺自己的不良習性，以及早改正，這時若再加上父母適時的表揚，將能培養孩子的良好習慣。

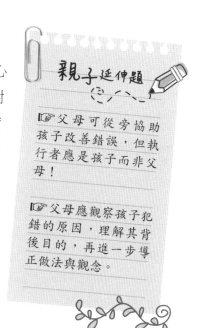

親子延伸題

☞父母可從旁協助孩子改善錯誤，但執行者應是孩子而非父母！

☞父母應觀察孩子犯錯的原因，理解其背後目的，再進一步導正做法與觀念。

3. 不要以偏概全

　　有一些父母喜歡翻舊帳，將以前的事情一併拿出來訓斥。曾有一位國中生把家裡鑰匙弄丟，回家告訴媽媽後，媽媽便借題發揮，將他兩個月錢弄丟的一百元、前幾天遺失的原子筆等都拿來數落他一番。如此一來，容易淡化要批評的主題，最後孩子也不知道挨罵的重點為何，也不知道該如何改正，進而讓孩子出現反感。

　　父母應謹記正向教育的最重要特點——不要情緒化地教育孩子，而是保持一種平和的心態與姿態，讓孩子藉由你的柔性勸說體會自己的錯誤，在這之中既保護了孩子的自尊，又樹立了自己的權威，而孩子也會因為你的寬容，樂於改善自己的錯誤，並因此做得更好！

✱ 保護孩子自尊

　　批評孩子時，應讓他們意識到錯誤而不是傷害。此外，讓他們知道家長只是就事論事，與其個人價值、品行無關。同時，也要注意保護孩子的自尊，使其感受到爸媽即使是在批評他們，但是以愛為立基點。

✱ 優先關注孩子情緒

　　當孩子犯錯時，許多父母首先想到的是自己的面子造成了傷害，並且情緒受到了影響，反之能優先關注孩子情緒的父母者較少。事實上，孩子犯了錯也相當緊張，他們渴望得到父母的原諒，如果我們這時不分青紅皂白地批評孩子，只會使其情緒得不到正確釋放，進而產生間接傷害。因此，如果我們能忍下怒氣、多一些寬容去觀察孩子的情緒變化並安慰他們，不僅保留了孩子的自尊，更可使他們感受到父母的愛。

✱ 家規不可違背

　　當親子雙方達成共識，訂定了家規後，不僅孩子要遵守，父母更要以身作則地不違背。而當往後孩子犯錯時，即便父母不須數到3，孩子也能意識到自己的錯誤，這時父母理性的「說教」，將使他們決心改過！

天生我材必有用！

放下面子，啟發孩子的天賦
～教養，學習做孩子的伯樂

輕鬆教養談

每個孩子都有潛在的天賦，端賴父母能否慧眼識出孩子的潛能。當你靜心放下比較，你將會發現孩子的能力正隱隱發光！

親子Story

　　還記得小學時，在一次發數學成績單的日子裡，我和好友小麟都沒有考好。我覺得很灰心，因為自己明明已經很認真準備了，但卻只考了七十五分，這是上小學以來考最差的一次；小麟則好一點，考了八十分。但老師說這次題目陷阱很多，我們也氣自己不夠細心。而原本放學總是打鬧回家的我們，今天則是默默地走到校門口。

　　在擁擠的人群中，小麟找到了媽媽，媽媽一看到他就直問：「成績單呢？看你的表情一定是考差了！」小麟點點頭。接著，在人來人往的街道上，媽媽生氣地要他把考卷拿出來。

　　小麟面帶愁容地拿出考卷，媽媽一看到分數，當場數落了一番，責怪小麟粗心大意，還不准他假日出去玩。

　　看到這番情景，我也擔心媽媽會責罵我。到家後，便直接走進房裡。沒多久，媽媽敲我房門說：「吃飯囉！」

　　而我因為沒考好，想待在房裡，便回應：「我這一次沒考好，心情不好，吃不下……」

　　「真的很差嗎？讓我看看。」

　　媽媽推了門進來，接過我的考卷，看到成績後，只是笑著對我說：「七十五分代表你會了七成多啊！其實，分數並不代表一切，而是你了解並學會了多少，只要你有盡力準備考試，這才是最重要的！」

　　後來，我們花了幾分鐘的時間，先瀏覽做錯的題目。「我想，我們先去吃飯吧！媽媽了解你也不願意考成這樣，對嗎？晚點我們再來練習吧！」

　　我點點頭並展露了笑顏，因為我感受到媽媽的理解與鼓勵，心裡頓時輕鬆不少。而往後的考試，我總是盡最大的努力來準備，只因媽媽「放下面子，不將成績視為一切」的寬容，成為我積極向上的力量。

放下面子，讓孩子從錯誤中學習

　　疼愛孩子是父母的天性，但過與不及的教育都不適當，其權衡拿捏需要透過學習，而我的媽媽便具有這項認知：「孩子不可能樣樣表現良好，他們的行為一定含括對與錯，此時父母必須扮演從旁協助的角色，讓孩子將對錯比例漸漸調整成理想狀態。」正因為媽媽的理性教育，進而影響我未來的人格發展，以及對子女的教養理念！

　　教育專家福祿貝爾曾說：「教育無他，唯愛與榜樣。」他提倡以愛為教育的主要方式，杜絕責備與鞭打。然而，從古至今，打罵教育仍無法完全避免！因打罵仍是管教最常見的模式，也是對幼兒最立即見效的方法，但當孩子步入中齡兒童，甚至是青少年時，因他們已有自己的想法與價值觀，打罵教育便會產生明顯的負作用，不僅無法有效教導孩子，還會使其自信心低落。因此，唯有啟發孩子的理性，以道理服人，才能使孩子在保有自信的環境中成長。

　　以我的同學小麟來說，他被責罵後，雖會立即警惕自己的失誤，但卻是因媽媽的期望使然，並非發自內心的理解；之後，小麟也越來越討厭上學，成績不僅不見起色，甚至還一落千丈。其實，這類型的孩子，一旦進入少年期或青少年期，對於「讀書求知」的心態便會養成錯誤的觀念，認為「那是父母逼的」，進而產生叛逆、反抗的態度。但相較於媽媽當初的理解，使我對求學、求知抱以正面心態，並依循自己的努力紮穩根基，讓我更有空間發揮自己的能力。

　　鼓勵孩子，看見孩子好的一面，是父母最需練習的課題。提醒孩子的不足雖是必要，但切記不要因自己的面子而拿孩子與他人相比，例如「鄰居小孩已經會背ㄅㄆㄇ了，你還不趕快練習！」如此不僅會傷害孩子的自尊，甚至還會讓孩子與對方產生敵視。故與其找一個對象進行比較，不如直接詢問：「學校開始教注音了嗎？你會不會？我們一起背一遍。」當孩子完成後，直接稱讚他，但不需要說類似如「你好厲害，已經背熟了，聽說隔壁家小玲背了幾天才會」等比較性說法，以免孩子對他人產生能力高低的評比心態。

　　此外，作為父母的責任就是讓孩子活出自己，做其能力所及的事情，讓孩子找到屬於自己的定位。有些孩子不太會念書，但在藝術方面很有天分；數學不好，但對生物、化學卻相當有興趣，例如愛迪生、愛因斯坦的求學過程雖不順遂，但因著父母的支持與鼓勵，進而造就他們對世界的貢獻與成就。

親子延伸題

☞ 父母若能對孩子多一點寬容，他將能發揮更大的潛力。

☞ 利用寓教於樂的概念，讓孩子玩中學，例如帶孩子去逛動物園，不僅能見識到真實動物，還能了解牠們的生活型態。

　　因此，我們應了解孩子的能力，依據孩子自身的實際情況，為他開拓適合自己的發展之路。正所謂「成才之路千萬條，唯有適合最好」。當孩子還小時，應了解他們的某些天賦與特長，千萬不要跟風似地幫孩子報名補習班，若期望孩子學習有所收穫並快樂，就要尊重孩子的能力，因材施教！

孩子喜歡你這樣教！

＊讓孩子有摸索的機會

希望孩子有所成就，必須提供資源，如工具書、勞作材料、美術用品等予以摸索。並且，父母應陪他一起發現自己的喜好，挖掘潛在天賦，使孩子看見自己的優勢，肯定自己的才幹和能力，進一步培養出自信並予以發揮。

＊獎勵比責罰更有效

希望孩子改善缺點、增進讀書效能，不能只是「要求」，還要加上適當的獎勵。教養專家建議，製作一張獎勵表，將孩子每日要做的事記在紙上；同時，對孩子的良好行為、態度與品格，隨時給予高度肯定，鼓勵孩子堅持；每當孩子出現自律行為，或是待人尊重，與人和睦相處時，父母立即表揚的效果最好。

＊「家庭」是孩子提升挫折忍受力的地方

加拿大圭爾夫大學榮譽教授古納說：「我們都是演員，家庭則是我們的舞臺。舞臺上的一切，子女看得一清二楚。」由此可知，父母是家中孩子的學習對象。因此，不要只是一味要求孩子，請先試著審視自己，讓他們看見你不肯放棄，努力學會自己不擅長的技能，當他下一次遭遇挫折時，也會試著克服。

做個不意氣用事的父母！

溫暖家庭恢復孩子的純淨眼神
～教養，學習維持家庭和諧

孩子性格養成，與家庭氛圍有關！吵鬧，只會
讓孩子情緒變得焦躁暴戾；歡笑，塑造孩子積
極正向的心態。

輕鬆教養談

親子Story

　　還記得某一年的新學期，剛來的陳老師接管一個新班級。
那一天，她信心滿滿地站在講臺上，環視一周，清了清嗓子，
進行精神喊話：「同學們，新學期即將開始，你們已經國二
了，希望在接下來的日子中，大家能一起努力！」說完，孩子
們不約而同地鼓掌。

　　只有坐在靠左第三排的一個男孩嘴角露出一絲怪異笑容，
眼神充滿不屑，讓這初次接班的陳老師心裡很不是滋味。下課
後，陳老師找了這位男孩，柔聲問道：「老師剛才觀察到你好
像不是很高興？」

「我沒有啊！」名叫威悉的男學生搖搖頭，眼神裡充滿著不信任。

陳老師心裡雖是一把火，但由於初次接班，不了解情況，所以便沒有深究。威悉離開後，陳老師找我問道：「你知道威悉這名學生嗎？剛剛我在課堂上講了一些話，他竟然用那不屑的眼神看著我，心裡真的很不舒服！」

我放下手邊的工作，嘆了口氣，無奈說道：「那是因為妳不了解他的家庭，他爸媽一直在鬧離婚，經常吵架。威悉的爸爸幾乎不管他，平時課業主要是媽媽在教，但威悉的媽媽對他不僅嚴厲，甚至經常打他。每次他犯錯，媽媽就會挖苦他，說他沒出息，所以才會造成威悉偏激的性格，幾乎不信任大人，朋友也不太多。」

聽完我的話後，熱心的陳老師覺得威悉很可憐，決定進一步與威悉的媽媽約家訪時間。那天，陳老師才剛到威悉家門口，就聽見裡面傳來訓斥的聲音，她猜想大概是因為威悉回家後不先寫作業，只顧著玩電腦的緣故。

陳老師一進門坐下來，威悉的媽媽就開始嘮叨：「我們家的孩子就是不聽話，一點出息也沒有，每次明明能考100分，但他總是粗心大意，讓我很頭疼！」整個家訪大約持續了半個小時，全是威悉媽媽在數落他的不是，在她眼裡，自己的孩子似乎毫無優點！這時，陳老師才恍然大悟，原來威悉的眼神與不信任是來自不被父母肯定的結果。

孩子的眼神映射出家庭和諧度

　　眼睛是心靈之窗，用眼神來觀察人的整體感覺也是一種指標，例如我們常會說小偷是「獐頭鼠目」，而一個心地善良的人，則是「慈眉善目」。回到孩子的教育問題上，我們可以發現，透過孩子的眼神可以映射出其成長的家庭環境。故事中的威悉之所以會表現出那極為不屑的眼神，其實與他平時在家感受到的緊張與打罵氛圍有關。

　　事實上，威悉媽媽說他「沒出息」，其意思是指孩子如果再不用功念書、改掉那些壞習慣，那他的未來就可能淪落到一事無成、得過且過的命運，畢竟任何父母都不希望孩子的未來如此悽涼，所以才用激烈話語來警示孩子，但其實這會讓他造成一種錯覺和消極暗示：「媽媽可能希望自己以後沒出息。」

　　當然，有這種想法的孩子一定不多，但像威悉就對媽媽產生了敵對與不信任，他想：「媽媽對我非常失望，她覺得我沒有任何能力與優點，甚至讓她丟臉！」在長期身處負面消極的環境下，威悉不僅開始自卑，甚至對所有人產生怨恨與不信任，因他認為連自己最親近的父母都否定他，更何況是其他人！

　　後來，我便建議陳老師用鼓勵、讚賞與肯定的方式來感化威悉，以獲得他的信任，例如當威悉成績有些微進步時，便在班上公開表揚他，用溫暖的言語來融化他冰冷脆弱的心；此外，陳老師也經常和他媽媽溝通威悉的學習狀況，以溫和、讚揚的口氣讓媽媽知道威悉的優良表現，並將威悉桀驁不馴、不信任人的原因告訴媽

媽，建議她應與丈夫溝通，創造和諧的家庭氛圍，並多注意威悉的優點，予以表揚，而非專注其缺點並大加批評。

經過威悉父母的努力配合，威悉的媽媽很少再打罵他了，甚至還會經常鼓勵、讚賞他。漸漸地，威悉眼中的「不屑」已經消失，取而代之的是溫柔純淨的眼神，並且人也變得活潑開朗起來，甚至還會主動與同學們接觸。

其實，什麼樣的家庭環境造就孩子什麼樣的性格！敵意中長大的孩子，將來容易逞強好鬥；恐懼中長大的孩子，將來容易畏首畏尾；憐憫中長大的孩子，將來容易自怨自艾；體罰中長大的孩子，將來容易出現暴力，而這些不良的家庭環境都會從孩子的眼神中得到印證。

同樣地，如果父母給予孩子優良的環境，將造就他們良好的品格。如鼓勵中長大的孩子，將來必定心胸寬廣；認同中長大的孩子，將來必能掌握目標；分享中長大的孩子，將來必能同理他人；安定中長大的孩子，將來必能信任自己、信任別人；友善中長大的孩子，將來必能對世界多一份關懷；和諧中長大的孩子，將來必有穩定正向的情緒。

因此，希望孩子能自信快樂地健康成長並擁有傑出成就，那父母在教育孩子們時，就必須以關心為出發點，以鼓勵代替責備，以讚美代替訓斥。其實，消極的言語或幫孩子貼否定標籤，對其成長

親子延伸題

☞ 父母可利用電子郵件、MSN、Facebook等方式與孩子聯絡感情，或溝通想法。

☞ 孩子喜歡遊戲，可藉由各種有趣、輕鬆的親子遊戲與其同樂，以感受到家庭的和諧。

一點好處也沒有，父母應相信自己的孩子，並傳遞信心給他們，千萬不可斷言他們未來的命運，甚至隨意灌輸孩子貧富貴賤的觀念，以免損害孩子身心的健康成長。

　　除此之外，父母應努力維持家庭氣氛的和諧，為孩子創造一個溫暖的避風港。而在此基礎上，孩子也能從父母身上，學習如何去愛人、尊重他人，學習如何關心別人、與人分享；甚至是在爭執之中，他們也能學習坦誠地表達自己，並進一步包容和寬恕他人。而當面臨困境之時，孩子也學習到互相勉勵、支持的重要，並相信希望就在前方。因此，維持家庭的和諧快樂，將能孕育出自信積極的孩子！

＊尊重孩子

　　尊重孩子是家庭和諧的要件，唯有讓孩子感受到自己的意見得到尊重，才能使其感受到父母對自己的愛，進而產生安全感，並且愉快地學習與成長。

＊今天你當家

　　平時可嘗試讓孩子當家一天，使其體會父母的辛苦，如此一來便能了解父母下班回家後，做飯洗衣與深夜加班的辛勞。當孩子感受到父母對家庭的責任感後，便能接受、體諒家長偶爾出現的不耐煩和急躁，甚至還能培養他們協助家務的能力。

＊定期的家庭會議

　　定期開家庭會議可說是凝聚親子向心力的重要關鍵，因這代表家中大小事都是透過父母與孩子共同討論、商量與決議產生的。其主題可以是旅行遊玩的地點，也可以是談論孩子的學習狀況，以輕鬆、認真、民主的態度來幫助孩子調整學習模式，藉此解決課業問題。當孩子在這種民主氛圍下成長，將能從中得到尊重，對家庭事務有參與感，進而增加解決問題的智慧。

讓幽默隨時出現在家庭中！

幽默，讓任性消失殆盡
～教養，學習樂觀以對

樂觀並非天生擁有，只有父母平時以身作則地用幽默、積極的心態化解問題，孩子才能樂觀處理人生道路上的困難。

輕鬆教養談

親子Story

　　十四歲的明偉是我們國三衝刺班的學生，英俊的臉龐，高瘦的身形，使他擁有外型的先天優勢；雖然如此，但骨子裡卻充滿幽默喜感，常是團體中的開心果，所以人緣相當好。

　　某一次的週末，明偉希望爸爸帶自己去博物館看展覽，但爸爸不怎麼想去，於是回應道：「兒子，今天天氣那麼熱，還是別去了吧？」

　　「不會啦！我多帶瓶水就好啦！或者我們看完後，可以去附近吃冰消暑！」明偉輕鬆答道。

　　但爸爸仍舊繼續推拖：「今天是週末，路上一定會塞車，

車速很慢喔！」

　　明偉才剛要反駁，爸爸又說了好多個理由。這時，明偉看出爸爸只是「懶」得去，便走到他旁邊，拍拍他的肩膀，幽默說道：「老爸，只要思想不負面，辦法總比困難多！」

　　這句話把爸爸逗得開懷大笑，因為這就是爸爸自己經常會對兒子說的話，而明偉這麼一說，爸爸也拿他沒輒，便開心地陪他去博物館了。

· · ♥ · · ♥ · · ♥ · · ♥ · · ♥ · · ♥ · · ♥ · · ♥ · · ♥ · · ♥ · ·

學習用樂觀擊退消極鬱悶的情緒

　　事實上，明偉能利用積極樂觀的心態來面對困難，主要是受家庭氣圍的影響。每當明偉爸媽遇到工作上的瓶頸，或者家中事務無法達到共識時，他們最後總會以輕鬆、開朗的態度來解決，進而影響明偉的處事觀。尤其當明偉有問題來找爸媽商量時，他們的反應總讓明偉感到安心，因困難到他們這裡，總是能迎刃而解，且其輕鬆、幽默的方式，也培養出明偉樂觀、不抱怨的態度。

　　明偉父母懂得以「幽默」來教育子女，其所產生的積極作用，不僅能拉近親子關係，還可消除父母與孩子之間的隔閡，使親子雙方能交流順暢。同時，透過平時輕鬆幽默式的教育，亦可養成孩子溫和忍讓、達觀自信的性格。

　　還記得有一小段時間，明偉出現厭學情緒，作業不僅遲交，成

績也有下滑趨勢，當老師告知父母他的學習狀況後，隔了一陣子便發現明偉的厭學情緒消失了。進一步跟他的父母懇談後得知，他們為此訂定一個散步時間，主要是排解孩子沉悶的升學壓力，每天利用餐後半小時到外面走走、聊天，並以幽默的方式提供孩子解決問題之道，最後每當明偉要回到房間念書時，爸媽總會在門口對他大喊「GO GO！加油」，這舉動不僅讓他會心一笑，也漸漸把明偉厭學的心拉了回來，使其重新振作，信心滿滿地投入學習當中！

其實，幽默可分兩種：一種是天性灑脫、性格開朗，做人處事皆能樂觀以對，這種幽默看似與生俱來，但其實與父母在生活中的樂觀處事有關。而另外一種幽默則是逆境中的智慧，意即當身處困境時，如何像明偉爸媽般用輕鬆幽默的態度去解決問題。

「幽默」是人際交往中的法寶，因此父母如果能懂得幽默過生活，那麼孩子也將能成長得自信又快樂。

親子延伸題

☞父母可常與孩子玩益智遊戲，培養其以正向的心態來解決問題，進而建立良好的積極態度。

☞每當孩子完成任務或解決困難後，務必給予孩子正面的讚賞。

近年來，流行著「幸福基準線」的名詞，是用以檢視自己對所處環境是否滿意的界線，它代表著「如果我擁有『那些』，我就會覺得很幸福」，這也意味著我們能否以正向心態來看待一切。

對孩子而言，或許「那些」是一台電動，一個芭比；又或者是考上名校、事業有成、有台拉風的跑車等。但這些外在物質永遠滿

足不了一個人的欲望，當越是達到目標，失落感也會相對提高。其實，將這條幸福基準線定在「只要還擁有付出的能力，我們就是幸福的人」時，就會變得容易知足、惜福，甚至還能進一步去幫助別人。

在家庭中，父母亦可和孩子討論屬於家中的「幸福基準線」。這不僅能幫助孩子懂得感謝自己所擁有的，亦能讓孩子具備正向思考的概念。

由於孩子漸趨成長，將面臨不同的環境與挑戰。因此，從小給予他們一個「知足、樂觀、感恩」的環境，並在生活中教導他們思考事情的一體兩面，透過生活教育幫助他們分辨正面和負面思考所帶來的差距，將會使孩子更自信、快樂，甚至像明偉的父母般，懂得以幽默取代負面，以關懷取代抱怨！

＊用平和的心態對待孩子犯錯

當孩子犯錯後，家長的第一反應往往是生氣，進而指責批評，甚至打罵孩子，等到情緒發洩完後才想到詢問孩子犯錯的原因，這時早已錯過教育的黃金時機。其實，孩子會犯錯必定有其理由，期望解決孩子的問題，就必須以平和的心態來了解，並一同分析犯錯的原因；若當孩子遇到困難而情緒低落時，第一反應應先化解孩子的不快，讓他感受到父母的陪伴，再進一步以輕鬆的態度來面對問題。

＊用溫和的方式教育孩子

當父母與孩子的關係緊張時，用幽默的方式化解，將達到良好效果。此外，當孩子犯了無心之過時，也可透過幽默、溫和的方式來處理，如此既不傷孩子的自尊心，又能讓他理解錯在何處，進而有效改善。

＊讓孩子在輕鬆幽默的氛圍中成長

在教育孩子的過程中，如能經常營造輕鬆愉悅的環境，使其快樂成長，將比疾言厲色更能得到孩子認同。因此，讓生活中處處充滿幽默，更能培養孩子的積極心態，使其提升自信心！

「真溝通」才是教養王道！

別讓偽溝通失去孩子的信任

～教養，學習真誠傾聽問題

輕鬆教養談

有些父母打著「溝通」的名號，以為自己正與孩子真心交流；實際上，卻是等著孩子說出缺失，進而開始批判！

親子Story

　　一天，看到朋友教兒子寫數學題，他問道：「翊倫，這道題的答案明明是31，為什麼你寫成51呢？」朋友有些慍怒地盯著一臉無辜的兒子。

　　翊倫趕緊回答：「我算出的答案是31，但不小心寫成51了……」

　　朋友打斷他的話：「你還辯，寫錯了還有理由！」

　　「我是真的不小心寫錯，下次我會注意的！」翊倫小心翼翼地說。

　　「你每次都說下一次、下一次，還有多少個下一次啊？這

道題罰抄50遍。」朋友生氣地說完後，便留下兒子獨自罰寫，自己則到客廳找大家聊天去了。

· ♥ · · ♥ · · ♥ · · ♥ · · ♥ · · ♥ · · ♥ · · ♥ · · ♥ · · ♥ · · ♥ · · ♥ ·

有效溝通建築在親子間的信任

　　溝通是人與人之間，透過思想與感情的傳遞和反饋的過程，並求雙方想法達成一致，維護情感間的暢通。但現實的親子生活中常會遇到這種情形，即父母為了維護自己的權威，根本不與孩子進行溝通，不讓他們有講話的機會，甚至希望孩子能像機器人般聽從自己的意思。假使孩子稍有爭辯，便會認為他們強詞奪理，進而狠狠訓斥一番，這種交流方式不僅不是溝通，還會因缺乏基本的民主，而讓孩子的自尊心受損。

　　例如朋友對孩子的教育方式就屬於「偽溝通」，是一種獨裁式的教育，雖說看似給兒子表達的機會，但實際上卻是等著孩子承認自己的錯誤來責罰他。後來，朋友與孩子說完後，我便將他拉到旁邊，表達我的想法，建議他先忍住怒氣，找出孩子粗心的原因，進而協助他改善。否則長久下來，孩子將會對爸爸產生不信任的態度，甚至出現叛逆情緒，影響親子感情。因此，父母千萬別任意使用權威的魔杖，有心無心地踐踏孩子的自尊，唯有真心傾聽孩子的問題，才能幫助他們解決，建立信任感。

　　除此之外，也有一些父母經常用「我們來談心好嗎」的變相溝

通，強迫孩子與自己談話，其實是想藉此將自己的期望或觀念強加給孩子。殊不知孩子這時已有自己的思考模式，並非需要我們耳提面命、嘮嘮叨叨才能了解，因他們所需要的是父母默默地從旁輔助。

親子延伸題

☞父母與孩子選定一天，只能用眼神手勢、紙條來進行交流，除此之外的方式都算犯規需扣分，而失分最多者要提供「服務」，如做家事、煮飯或送禮物等，藉此體驗有效溝通的珍貴。

　　然而，部分父母沒有意識到這點，往往覺得孩子不理解自己的苦口婆心，而孩子也認為父母不懂自己，雖然每天都在交流卻未達到效果，這也反映出現代兒童與父母出現的「偽溝通」問題。

　　所謂「偽溝通」，就是父母與子女表面上看來交流得相當頻繁，但實際上卻是一種淺層溝通，並無觸及到心靈和思想；從其談論內容上來看，父母與子女的溝通以學習成績、課業表現為主，但卻忽略孩子內心的情感，這種溝通大多缺乏品質、效果較差，因此為無效溝通。

　　產生這種溝通障礙的原因，主要是父母對孩子缺乏足夠的尊重。而這一類的父母認為自己的話有理並且是為了孩子好，故與孩子溝通時大多理直氣壯，其最終結果只是希望孩子能聽自己的話。事實上，現今父母最須學習的是放下身段去傾聽孩子的需求，而命令、說教式的談話很容易讓青春期的孩子出現叛逆情緒。假使父母都能將孩子當作獨立的個體，從平等的角度出發，尊重孩子的想法，便能為「溝通」搭起互通有無的橋樑；而孩子也能在此基礎上，與你坦承任何心事與問題，進而創造和諧的親子關係。

孩子喜歡你這樣教！

＊溝通≠訓斥

　　與孩子進行溝通前，一定要抱著尊重的心態，並注意其平等和民主性原則。不能以父母長輩自居，動輒訓斥孩子，如此將不利於順暢的溝通。

＊溝通要簡短扼要

　　有些父母認為，和孩子溝通便是要講一堆大道理，但就其影響力來說，溝通的內容只占7％，而肢體動作則占55％、聲調占38％。因此，與孩子談話時，千萬不要長篇大論，且言語內容最好不要超過1分鐘，只要將重點表達明白即可。

＊肢體語言也要適時搭配

　　就溝通方式的影響力來說，肢體語言占55％，其效果最好，包括眼神、手勢等。將其適當地融入與孩子的溝通當中，會因其生動的吸引力而提升溝通效益。例如，孩子訴說與好友吵架後的失落心情時，爸媽一個鼓勵的眼神、溫暖的擁抱，便能消減孩子的難過情緒，是一種不言而喻的親子交流。

支持孩子走自己的路
～教養，學習放鬆管教

希望孩子擁有全方位能力，父母非但不能事事包辦，還必須將發球權還給孩子，讓他決定自己的未來，並承擔其後果與責任！

　　有一個學生曾分享自己的煩惱，他總認為媽媽只在乎他的成績，希望能按照她的期望前進，殊不知讓孩子錯過了許多寶貴的生活體驗。

　　他表示之前班上舉辦兩天一夜的野外求生訓練，當時他非常想參加，但媽媽卻覺得這不僅危險，也會妨礙到他補習的時間，因此毫不客氣地拒絕了他的要求。

　　後來，學期末要舉辦一個同樂會，老師希望班上學生能表演活動，他看到有些同學唱歌、跳舞，甚至演奏鋼琴等，自己也希望能與好友們合演一齣戲劇，結果回家後與媽媽分享，卻

被要求退出，因為媽媽一聽到孩子要花很多時間構思劇情與排練，便覺得會影響到課業，於是說道：「你現在課業多重啊！哪裡還有時間去做那些事！現在最重要的是準備考試，上公立高中，別的事情就不要做了。其實，媽媽也是為你好，你聽我們的就對了。」

這位學生說完後，我看到他臉上的落寞，其實他只是希望爸媽能多給他自己的空間與選擇權，去做自己喜歡、有興趣的事，而非操控他的人生。畢竟孩子不是父母的專屬品，不能強迫他們達成父母心中的「期望」，唯有讓他們走自己的路，才是最正確的教育方式。

別幫孩子鋪好你所期望的路

每個人都有自己追求的目標，有些人實現了夢想，有些人則遺憾地與其失之交臂。而大多數的父母都會以「過來人」的身分，幫孩子安排好自己認為最完美的「成長計畫」。他們通常在孩子還小時就為其制定興趣導向，按照自己的意願規劃孩子的人生，並依據自己的標準來看待孩子，用成人的思維定論孩子的一舉一動。而教養專家對此表示，隨著孩子的逐步成長，他們將慢慢出現自己的喜好和興趣，父母若按照自己的意願為孩子選擇活動，忽視其需求，將會使其產生叛逆心理、影響自信。

針對孩子的成長教育，父母應盡量尊重孩子的意願，切勿剝奪孩子的興趣，甚至強迫孩子去做他們不喜歡的事。儘管如此，我們還是常常聽到孩子從幼稚園開始，家長就幫他們報名許多才藝班，例如心算、畫畫、彈琴等，根本不管孩子願不願意學習，是否對這些「專長」有興趣，而只是一味地希望培養孩子成為「全才」，忽視了孩子的想法！

親子延伸題

☞ 父母可以針對孩子強項，讓他們盡情發揮，藉此激發孩子的自信心。

☞ 鼓勵孩子與同學一起出去遊玩，或者帶他參加野外訓練，以磨練意志，提升能力。

事實上，孩子在長期受到父母的監督和控制下，導致他們從小就對社會產生厭惡，對生活出現反感。這時，他們自己也將開始焦慮，進而透過各種方式傷害自己或發洩到他人身上。甚至，如果父母一直幫孩子做決定，不允許孩子有自由選擇的機會，久而久之，孩子會認為自己是在幫父母學習，無論成果好壞都與自己的未來無關；這時，會因形成這種錯誤的認知，而使往後的教育更難推行。

孩子是獨立的個體，並非家長「期望」中的複製執行者。父母在家庭教育中，請試著降低自己的年齡，以其思維方式與孩子共同思考、遊戲，將家庭教育的天平維持在正常平衡點，並尊重孩子的選擇，讓孩子擁有一個美好童年，以及擁有支配自己空閒時間的權利。

孩子喜歡你這樣教！

＊鼓勵孩子

　　鼓勵是催人奮進的一劑良藥。當孩子犯了錯，父母除了嚴肅認真地指出孩子的錯誤外，還要保護孩子的自尊心，並且耐心協助孩子分析原因以尋找對策；當孩子信心不足時，應幫孩子加油打氣，以消除孩子的緊張心理，藉由鼓勵促使孩子改進。

＊讓「我不行」變「我可以」

　　許多孩子因長時間地受到否定的批評教育，常會認為自己什麼都不行，故當孩子遇到困難時，其第一反應就是「退縮」。例如有的孩子看到考卷上的最後一題，會直覺地出現很難、不會做，所以就放棄了。其實，當孩子遇到困難想要退縮時，家長應堅定且充滿信心地告訴孩子「他可以」，並經常教導孩子暗示自己「能做到」，以期增進自信心。

＊表揚要持續

　　樹立孩子的信心，需要一個不斷鞏固的過程。當父母看到孩子因持續成功而逐步建立自信時，千萬不要以為大功告成而忽略往後的讚許，父母仍應不斷鼓勵孩子，以培養其自信。因為孩子只有在持續的讚賞與努力中，才能擁有一顆不被困境打敗的堅定意志。

理性看待孩子
的錯誤！

情緒教養，是教子大忌
～教養，學習對孩子保持永遠的信心

輕鬆教養談

當你希望孩子成為強者，就不要用言語、肢體暗示他是「弱者」，並應懂得控制情緒，讓理性教養成為孩子健壯的根基！

親子Story

　　有一次，妻子說她的同事接到孩子班導師的電話，正在上班的她聽到兒子在學校打架，便放下手邊工作，向主管請了假，趕去學校。聽完老師的說明後，大致知道了原因，也了解兩個孩子其實都有錯，最後就在雙方家長互相道歉下收場。

　　孩子放學後，他的媽媽雖然沒再提起打架的事，但兒子的表情依舊透露著緊張，擔心媽媽會責罰自己。所以吃過晚餐後，想趕快回到自己的房間，此時媽媽叫住他，讓他感到心裡一陣驚慌。

　　在客廳裡，兒子坐在媽媽的對面，她看了一下面露緊張的

孩子，柔聲說道：「別緊張，今天我是找你談心並不是要批評你，媽媽想告訴你，不管是出於什麼原因，同學之間用打架來解決問題並非好辦法，你說是嗎？」

孩子望著慈祥的媽媽，認真地點了點頭。

接著，孩子的媽媽繼續說道：「以後再遇到今天這種情況，千萬不要急躁，有困難時要找老師幫忙，同學之間也要謙和友愛，記住了嗎？」孩子繼續點頭。

後來，她告訴我的妻子，當她看到孩子歉疚、認錯的模樣時，便已了解兒子知錯了，這時與其大力責備，倒不如用理性、和平的方式來解決，孩子才能更聽得進去。

威而不怒，教養孩子得心應手

根據調查發現，當孩子犯錯時，發怒的家長占90％，打罵孩子者則高達87％。許多父母在面對孩子犯錯時，往往是先發怒，再予以批評指責，最後才會安慰孩子。這通常是因為父母覺得孩子犯錯有失面子，如此不冷靜的自私行為，將會使孩子對父母增加恐懼與陌生感，進而產生不信任，使親子之間無法有效溝通。

從前述故事可知，妻子的同事雖沒有發火，但孩子卻能從媽媽的眼神中，感受到她對自己的打架行為很不高興。但其媽媽不僅沒有責怪自己，還告訴他往後遇到類似問題時的處理方法，進而使孩

子打從心裡感激媽媽的諒解。

　　儘管在教育孩子的過程中，發怒有時會產生效果，但其最大壞處就是傷害了孩子的自尊心，使怒氣淹沒父母對自己的愛。因此，在面對孩子犯錯時，應避免第一時間的怒氣阻礙了親子溝通，造成雙方關係出現裂痕而對立。故在實際的教育過程裡，我們必須記住要「威」而不「怒」。

　　蘇聯教育家馬卡連柯說過：「心平氣和、認真和實事求是的指導才是教育應有的外部表現，而不應是專橫、憤怒、叫喊與懇求。」

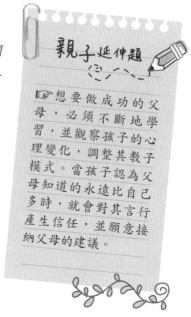

親子延伸題

☞想要做成功的父母，必須不斷地學習，並觀察孩子的心理變化，調整其教子模式。當孩子認為父母知道的永遠比自己多時，就會對其言行產生信任，並願意接納父母的建議。

　　事實上，許多父母在怒吼後，就已經後悔了，因為他們知道自己的情緒將會影響孩子，並會讓孩子對其周圍環境變得相當敏感。他們或許會被父母、師長的嚴厲言語而受到驚嚇，進一步停止其作為，但他們仍舊意識不到自己錯在何處，因而失去良好的機會教育。

　　父母是孩子學習的榜樣，他們透過觀察父母對每一件事情的反應來學會處理問題。如果父母總是那麼激動、不理智，孩子也將會朝此發展，進而只能情緒化地解決問題。故每位父母都必須有這樣的認知，在說任何話、做任何事之前，都應審慎評估自己的言行會對孩子帶來何種影響，以有效調整態度與情緒來保障孩子的身心發展。

 孩子喜歡你這樣教！

✱公平正直

　　教育子女必須做到公平正直，不能因為自己是長輩，就隨意處理孩子的問題，使其覺得爸媽對自己不公平；同時，在教育孩子的過程中，也要處處體現正直的一面，不要因自己的情緒而改變對孩子的態度。此外，與孩子談論事情，須尊重事實，就事論事，努力達到公平公正地處理，如此才能讓孩子感受到父母的原則，進而產生尊敬。

✱自由表達

　　在家庭中，父母本來就處於強勢和主宰地位，因此讓孩子自由表達，並適時糾正孩子與協助完成目標，他們才能在充分自由的環境中，對父母產生親近與信任感，進而願意與父母溝通。

✱榜樣示範

　　期望在教育子女的過程中體現權威，最好的方法就是為孩子樹立榜樣。由於父母的行為力量影響深遠，使得孩子從小在父母身邊便是有意無意地學習，假使父母是個言而無信、說話不算話的人，孩子也將變得輕諾寡信。因此，父母的權威應運用在合宜的狀況下，以為孩子做良好的示範。

讓孩子接受你所謂的「愛」！

表達愛，孩子開心被「管」
～教養，學習給孩子需要的愛

愛孩子有很多種，嚴厲教導、嘮叨碎唸都是愛，但這些是孩子需要的嗎？唯有父母針對孩子的各別情況來改變愛的方式，才能為孩子所接受！

輕鬆教養談

親子Story

有一天，我和妻子與兩個小孩一起外出吃飯。在餐廳裡，看到一名小女孩和媽媽出現爭執，而且聲音越來越大。原來是小女孩看到服務生端著聖代到其他桌，她因為想吃，所以非常堅持地要點。但媽媽覺得馬上就要吃飯了，所以沒有同意，孩子因而跟媽媽吵了起來。

這時，小女孩發現周圍的人都朝這邊看，不僅提高了音量，還生氣地把桌上的小湯匙扔在地上。旁邊的服務生見狀想撿起來，卻被她的媽媽阻攔。

「讓她自己撿起來！你們先走吧！我相信她會處理好自己

的事情！」媽媽的聲音顯得相當堅決。

　　後來，服務生走了，只剩小女孩和媽媽繼續對峙。媽媽坐在位子上，任由小女孩不斷哭鬧，但就是不心軟。小女孩哭了一會兒後，想離開座位，卻被媽媽叫住，請她將湯匙撿起來。小女孩沒輒只好照做，但媽媽還是不讓女兒離開，堅持要她為剛才無理取鬧的行為道歉。小女孩與媽媽僵持了好一陣子後，發現媽媽的態度堅定，便只好認真地道了歉。

愛孩子，就是堅持不放縱寵溺

　　事實上，父母對於「愛」的定義有所不同，有些認為嘮叨、責罰、管教甚嚴都是愛的表現，但孩子們恐怕難以接受前述愛的方式。根據教育專家調查顯示，「嘮叨」是孩子們最討厭的家教模式。

　　「愛孩子」並非一句口號，也不是幫他包辦到好，而是孩子身心靈健康發展的基礎。前述故事雖看似媽媽強迫孩子，但這才是真正體現父母的智慧，因為當我們幫孩子建立規矩後，孩子心中自然會有「父母堅持原則，並且自己做事絕對不能違背規矩」的印象。同時，孩子也會認為父母公正，並具有信任感，故當孩子下次再遇到類似的誘惑而產生心理矛盾時，就不會有如此激烈的反應，取而代之的是理性接受父母的勸告，放棄不切實際的想法，遵從父母合

理的建議。

　　而與這則故事很相似的案例，就是美國一對夫婦帶著孩子去公園玩，結果孩子跌倒了，坐在椅子上的中國老太太想將孩子扶起來，但不僅被美國夫婦一口回絕，還要求孩子自己站起來。雖看似毫不留情，不懂愛護孩子，但讓他們自己勇敢起身，才是表達愛的正確方式。

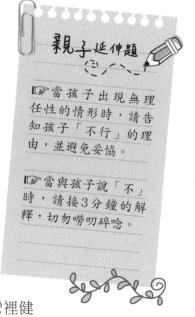

親子延伸題

☞當孩子出現無理任性的情形時，請告知孩子「不行」的理由，並避免妥協。

☞當與孩子說「不」時，請接3分鐘的解釋，切勿嘮叨碎唸。

　　孩子若不經歷挫折，又怎能見到彩虹？作為父母，期望孩子在自己的臂彎裡健康成長，但終有一天孩子還是要脫離父母的羽翼而獨立生活，我們雖可照顧孩子一時，但不能照顧他一世，只有在孩子還沒有步入社會時，給予他必要的磨難與挫折，才能使其明白生活的真諦，領悟做人的道理。

　　除此之外，我們在教育孩子的過程中，往往會忽略孩子接受批評的程度，若太嚴厲將會造成孩子的心靈創傷，使其對父母產生怨恨和不服，進而讓親子關係降到冰點。假使父母遇到這種情形，我們就應該認真反思一下自己愛孩子的方式了，唯有正確表達「愛」，孩子們才能健康快樂地成長！

孩子喜歡你這樣教！

＊家規不可變換

　　父母不可訂下常需變換的規定，或是自己做不到的要求，如只准孩子每天看一小時的電視，自己卻看了三小時。這會讓孩子認為規定是不必強制遵守的，長期下來將影響孩子良好習慣的養成。

＊家規以大原則為主

　　家規不要繁瑣，內容不要過細，盡量以大原則為主，並可有意識地將其連結。例如孩子每天可看一小時電視、晚上睡覺前應整理好書包等規範，假使孩子違反了，父母可說：「因為你今天沒整理好書包，所以明天少看三十分鐘的電視。」以此鞏固孩子對家規的重視。

＊原則需長期堅持

　　生活要求與規定是一個基準，如果有了基準，卻沒有遵守的「共則」，反而會讓孩子無所適從，甚至出現陽奉陰違的不當行為。因此，遵守家規是全家人必須共同維持的，不能依父母的主觀意識而有放鬆之處。

父母並非天生會教，他們是以孩子的特性作調整；
希望孩子是什麼樣的人，就應該「學」著當你所期望中的父母！

PART 2

別讓成績壓垮孩子的學習興趣

別讓學習成為壓榨孩子的機器
～教養，學習提升孩子求知慾

輕鬆教養談

學習是為了增長孩子的見識，為其未來根基競爭力；但切勿讓其壓力，成為孩子的負擔，削弱孩子對學習的熱情！

親子Story

　　我有一位在美國工作的朋友回台灣探親，跟他見面敘舊的那一天，他跟我分享了一個故事，讓我不禁對現今孩子所面對的課業壓力頗為心疼。

　　一天，他到哥哥家拜訪，並主動提出希望姪子育齡能帶自己出去逛街的要求，姪子雖高興答應了，但卻對他說：「那先等我寫完作業吧！」

　　「好的！」友人愉快地答應了，並在客廳邊看電視邊等育齡。

　　一集電視劇播完了，他看看時間，已經過了50分鐘，育齡

還沒寫好作業。這時，他到育齡房間，看見他正在奮筆疾書，見到叔叔來了，便不好意思地說：「我已經加快速度了，還有一科國文就結束了！」

過了30分鐘，育齡這才走出房間。友人一看時間都已經八點了，怕出去再回來會耽誤育齡休息，索性拉著他坐下來聊天。

他問育齡：「你每天都要寫這麼久的作業嗎？」

「嗯，大約一個小時吧！我算做得比較快了，我們班還有人要寫到10點呢！」育齡一臉自豪地說。

「那你喜歡寫作業嗎？」他繼續問。

育齡搖搖頭：「誰喜歡寫作業啊！那麼多功課，光看就覺得很煩，我最希望的就是可以不用寫作業！」

聽完他的描述，我相信育齡的話正表達了全國孩子的心聲。因為課業壓力再加上父母的期待，不僅追得孩子喘不過氣來，還讓他們對學習漸漸失去熱情，因此如何讓孩子回到當初的新鮮感，便是教育者的當前責任。

學習是主旋律，但不能成為焦點

根據調查顯示，現今影響學生情緒的五大主要因素，皆與學校生活有關，其依序為擔心成績欠佳、考試壓力大、作業繁多、煩惱

同學爭執以及被老師責罵等。雖說學習本是學生的天職，但從進入小學開始，其孩子的學業負擔便已非常繁重。據新聞報導指出，現在的小學生，從三年級開始，書包平均重量就已有6公斤，最重則達7.5公斤。而相關專家建議，書包重量不要超過學生體重的八分之一，以免影響孩子的生理發展。其實，從沉甸甸的書包重量裡，可直接反映出現今小學生龐大的課業負擔。

在補習班裡，我曾聽到一位家長表示，他最困擾的不是家庭經濟或子女的課外活動，而是學業成績的問題。這位家長相當緊張就讀國二女兒的成績，她認為學校的習題未必適合女兒，所以還會額外買評量讓她做，希望孩子能迎頭趕上。

其實，在正常的學習時間裡要完成超量的作業，很可能是普遍孩子的問題。但是，大多數父母為了不讓孩子輸在起跑點上，便會在他學習之餘，安排許多額外的課後輔導或才藝，如利用週末或寒暑假的時間送孩子去學鋼琴、繪畫、下棋等，使其放假日幾乎變成了「第三學期」。我甚至還看到有些孩子在臉書上留言：「真不想放假，不僅要寫那麼多的作業，還要上那麼多的課。」

學習雖是孩子現階段的任務，但是將孩子課餘玩耍、娛樂的時間全部用來補外語、鋼琴、繪畫的做法是不可取的。此外，父母盲目、不考慮孩子的興趣與志願，一味幫他安排一些所謂「為他好」的課程，並不是所有孩子都會買單，有

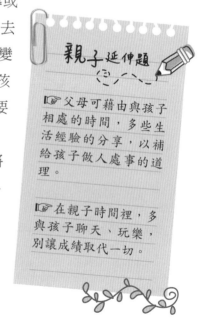

親子延伸題

☞ 父母可藉由與孩子相處的時間，多些生活經驗的分享，以補給孩子做人處事的道理。

☞ 在親子時間裡，多與孩子聊天、玩樂，別讓成績取代一切。

時甚至會引起他們的反彈，進而削弱孩子對學習的熱情。

其實，在看待孩子的學習問題時，我們應將眼界放寬，除了分數之外，做人處事的道理更有助於孩子各方面能力的發展。學習雖是學生天職，但不能一味追求成績而忽視了做人處事的道理。成績好並不等於品行佳，即便分數再怎麼高，但如果心術不正，不與人為善，不懂禮貌，不體諒父母，不孝順長輩，又有什麼用呢？

因此，父母應經常在生活中分享經驗，傳遞處事道理，教導孩子擁有同理心與關懷他人，如請孩子幫忙分擔家務，體會父母辛勞等，以幫助孩子建立成熟穩定的人格。

甚至，學習也並非死讀課本上的知識，團體郊遊亦能從中獲得啟發。有些家長只是片面關注孩子的語文、數學、英語等考試成績，認為只要分數高，學習也就好了。其實不然，在小學階段，最重要的不是給孩子多少知識，而是使其養成良好習慣，例如吃苦耐勞、團體合作等，這些對孩子的成長大有裨益。因此，我們應經常帶孩子參加社會活動，不僅能引導孩子學習，更可從中培養良好的品格。

事實上，孩子天生就是愛玩的，若將學習與玩樂結合在一起，相信更能幫助孩子提升學習熱情；此外，在關注孩子成績之餘，也需注意其人格發展，切勿讓成績淹沒孩子的品格教育，唯有讓孩子懂得處事之道，他才能立足於社會，為其競爭力增添助翼。

孩子喜歡你這樣教！

✱ 合適的目標

　　希望孩子的學習成績能達到何種程度，便必須根據他們的自身能力，選擇合適的學習目標來讓他們努力。例如孩子不擅長珠算，就不要強迫孩子補習，以免讓孩子失去學習信心。

✱ 不盲目攀比

　　許多家長有名校迷思，以為讓自己的孩子參加輔導班培訓，就能進入名校，並認為這不僅對孩子日後的發展有利，自己也顏面有光。然而，許多父母想盡辦法將孩子弄進名校的同時，卻忽視了孩子的意願，這對孩子來說，不但不是幸福，反而是一份沉重的心理負擔。因此，父母應與孩子進行討論，尊重其意願並達成共識，讓孩子為自己的一切負責。

✱ 給孩子休息時間

　　學習之道在於張弛有度，將一堆評量習題塞給孩子是最沒效率的做法。此外，幫孩子報名多種課外輔導班，不僅嚴重壓縮了休息時間，更削減孩子的學習熱情。因此，生活中應給予孩子多些休閒活動的時間，唯有勞逸結合，才能延續孩子的學習效率。

孩子是有思想
的獨立個體！

讓孩子感恩有「學習」的機會
～教養，學習不將想法強加給孩子

輕鬆教養談

正所謂「強摘的瓜不甜」，對應到孩子的學習
上也是如此！因此，唯有讓孩子對學習產生熱
情，他才會有主動求知的動力。

親子Story

　　今天是發成績單的日子，嘉玲媽媽接過女兒的成績單時，
臉頓時垮了下來，並將她的成績單丟到桌上，「命令」她坐下
來。

　　「妳知道我這輩子最大的心願是什麼嗎？」媽媽又開始向
嘉玲灌輸自己的「遺憾」了。由於媽媽小時候家裡窮，再加上
兄弟姊妹多，所以讀到高中畢業後就直接工作了，因此媽媽這
輩子最大的遺憾就是沒有上大學。

　　「妳說說這種成績怎麼上大學，怎麼幫我實現當年沒讀大
學的遺憾？」媽媽繼續生氣說道。

　　由於嘉玲已經習慣媽媽如暴雨般的批評，儘管低著頭，看似很認真地在聽，但其實心裡嘀咕著：「每次都說這些話，早聽膩了，妳的心願跟我又沒關係，我為什麼一定要按照妳的想法做！」嘉玲越想，心裡越不開心，希望這場談話儘早結束。

　　媽媽一味說著自己的期許，殊不知嘉玲早有諸多不滿。過了一陣子，媽媽看嘉玲一直低著頭，以為她已經知錯，便放她回房間去了。

- ♥ - ♥ - ♥ - ♥ - ♥ - ♥ - ♥ - ♥ - ♥ - ♥ - ♥ -

讓孩子對「能學習」產生感恩

　　父母因了解現今學歷與其工作薪資成正比，再加上以前環境不好，故對無法繼續升學感到遺憾，所以希望孩子能好好用功，以為未來鋪路。但對孩子來說，現今環境不比從前，資源相當充裕，因此我們若時常將「想當年……」套在孩子身上，他不僅無法體會，還會對學習產生排斥。

　　然而，當我們想把自己的遺憾從孩子身上彌補回來時，必須意識到那是「你的心願，不是孩子的」，因孩子不是我們的附屬品，他們也是有獨立思想的人。在現實的教育過程中，我們經常會被無法繼續升學的缺憾情緒所左右，不自覺地將期望強加到孩子身上，希望他們能了解父母的辛酸和艱苦，進而懂得感恩、珍惜讀書的機會。

　　但是，我們的期望卻往往不能如願，這是為什麼呢？主要是孩子們沒有「不能學習」的體驗，他們會認為讀書考試只是為了成績好，無法將其與未來成就進行連結，因而難有深刻體會。所以，我建議父母換個角度，讓孩子對「能學習」這件事產生感恩的心態，使其珍惜如今的學習機會。

　　例如現在孩子覺得課業壓力大，相對於父母的工作壓力來說顯然不同，但多數家長聽到孩子喊苦，通常會否定孩子說「你哪裡會苦，只是讀書學習而已，以前我……」藉此阻止孩子抱怨。但孩子只會覺得自己的感受不被父母理解，進而對學習產生排斥感；其實，要孩子珍惜讀書的時光，可利用「肯定式表達法」，即「爸媽知道現今競爭比以前激烈，要學習的內容很多，所以你會感受到壓力。雖然我以前求學時，也會有怠惰與對學習出現排斥感，但其實當學生真的很幸福……」之後可多分析工作與學習等兩者壓力來源，以及對未來的影響，並深入了解孩子的興趣，將之與學習結合，以提高孩子的接受度。

　　甚至，也可讓孩子切身體會父母的辛苦。因沒有經歷過環境不佳的體驗，就難以對父母的訴苦產生共鳴，因此可利用假日，帶著孩子去農村或偏遠山區，與當地孩子共同生活一段時間，讓他體驗「苦」日子，過幾天「沒有電腦，沒有電視，沒有遊戲，沒有便利商店」的時光，藉此感受何謂「求學不便」，以對父母口中的

親子延伸題

☞希望孩子能愛上學習，父母切忌碎碎唸與緊迫盯人，以免使其失去學習的積極性。

☞讓孩子體驗不便學習的環境，使其珍惜現今資源充裕的學習條件。

「辛苦」有更深一層的體會。故當父母往後教育孩子時，也較能為其所接受。或者，讓孩子看到自己辛勤工作及加班的一面，可使其更加勤奮向學，進而培養孩子事事感恩的心！

此外，有些父母認為孩子的成績代表他是否優秀，當孩子考好了，就眉開眼笑；考差了，就嚴厲批評、冷嘲熱諷，如「這次算你走運，但如果你因此而驕傲，成績就會掉下來」，或者孩子成績只是比上次少2分，就會得到父母「這樣的成績真令我傷心，從來沒有退步的你怎麼會變成這樣了呢」，如此以分數論英雄，而看不到孩子努力學習的過程，將嚴重打擊孩子的學習積極性，使其越來越害怕分數。

事實上，比分數更重要的是孩子學習的心態和努力的過程，可從中培植做人處事的態度，以為孩子未來的能力奠定基礎。所以，父母看待孩子的學習，必須以適合他們的身心健康發展為基礎，提供孩子寬鬆、有趣的學習環境！

*從小培養孩子的責任意識

當老師打電話給父母告知孩子的家庭作業沒帶時，經常會聽到家長這樣說：「哎呀，昨天孩子念書到很晚，我們看他那麼辛苦，就沒有要求他收拾書包；第二天早上起來，我們也沒幫他整理，所以才忘記帶的！」

其實，整理書包這種小事，本應孩子自己去做，很多父母經常會替手包攬，甚至還幫孩子向老師解釋，長久下來將使孩子認為這並非他的責任而推卸。因此，父母應培養孩子自己的事情要自己完成，如果沒有做好，就要承擔相應的後果，藉此建立孩子的負責意識，以增強其責任心。

*引導孩子認真思考自己的學習

每個學期開學前，須引導孩子制訂學習目標，幫助他們分析自己的優勢和劣勢，當最佳的輔助者。並且，學習目標的制訂應由孩子掌握主導權，父母只有引導和監督實施的作用。最好不要越俎代庖，幫孩子把學習目標制訂好，以免孩子因喪失主導權而成為被動式的學習。

積極度，成就孩子學習心態
～教養，學習打造榜樣示範

身為父母應作孩子的榜樣，在家中營造熱愛學習的環境，使孩子在長期的耳濡目染下，主動愛上學習。

　　在補習班教數學的王老師發現最近柏榕的作業經常遲交，於是撥了電話給柏榕媽媽，當媽媽得知後，並沒有發怒，只是平淡地說：「老師，我現在很忙，根本沒有時間照顧孩子的學習，我只希望他在學校平安就好！」

　　聽完柏榕媽媽的話，王老師雖理解但卻覺得不安。因為柏榕其實很懂事，學業成績也一直都很不錯，但不曉得最近為什麼會出現作業遲交的現象。為了了解緣由，王老師下課後將柏榕請到自己的辦公室，而柏榕似乎也知道老師找自己的原因，還沒等老師開口，就主動說：「老師，我錯了，我會按時交作

業的！」說完，便低頭默不作聲。

　　王老師知道柏榕一定有原因，於是溫和地說：「老師可以原諒你，但你要告訴我為什麼這段時間，你的學習進度落後了呢？」

　　柏榕原先不肯說，但在老師殷切眼神的鼓勵下，終於吐露了自己的心聲，他說道：「最近媽媽工作忙、心情差，每當我有課業上的問題想問她時，她總會感到不耐煩，甚至要我別吵她，要不就是突然對我發脾氣，對我的學業根本一點都不關心，所以作業一直都還沒完成！」

　　在了解柏榕遲交作業的原因後，王老師決定和柏榕媽媽懇談一番；當媽媽得知柏榕的心聲，便對自己的行為感到愧疚，往後不但對自己的言行舉止更謹慎，對柏榕的關心更是不再減少。

為孩子營造知性的家庭生活

　　我們生活周遭或多或少都曾出現過前述事例，在現今競爭激烈的環境中，許多家長為了生計，無法有效兼顧孩子學習。但不管生活多麼艱難，都應關心孩子的學習狀況，不能因為忙著工作、情緒不好而傷害孩子的心。除此之外，也有家境富裕但對孩子學習漠不關心的父母，而這就屬於心態問題了。假使父母對孩子的學習、生

活表現出冷淡、不關心的態度，會使孩子的性格偏向冷漠，進而削弱其學習動力，甚至還會使孩子產生厭學情緒。

父母是影響孩子學習及品格養成的首席老師，也是孩子最信任的人。他們總期待能得到父母的認同及心靈上的支持，並希望自己的努力獲得父母的讚賞，同時也希望自己遇到困難時，能得到父母的幫助和引導。倘若父母在家中能營造良好的學習環境，並以身作則地對追求知識與讀書感到熱衷，甚至讓孩子看到你在遇到困難時，積極尋求解決方式的態度，便能在潛移默化中增進孩子的學習熱情。

孩子就如同一張白紙，對於學習的積極度也是受到父母的影響，假使當孩子詢問你有關課業上的問題時，我們不應像柏榕媽媽因工作忙碌而忽略孩子課業。

反之，我們應有一種「聽到孩子問問題而感到高興」的正向心態，因這代表孩子的學習熱情正積極萌芽中，證明他在思考問題，並且渴望獲得新知識來解決。這不僅是非常良好的學習習慣，也是一種完善的親子溝通過程。如果父母此時制止他、潑他冷水，那我們又怎能要求孩子培養出高漲的學習欲望呢？

因此，如果在孩子有興趣探究時，父母能從旁協助，將能掌握教育良機，增進孩子的智識。根據研究指出，自主學習的效果往往比被動學習明顯。

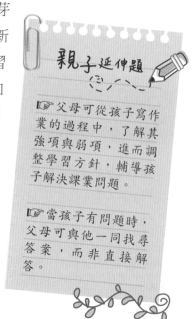

親子延伸題

☞父母可從孩子寫作業的過程中，了解其強項與弱項，進而調整學習方針，輔導孩子解決課業問題。

☞當孩子有問題時，父母可與他一同找尋答案，而非直接解答。

所以，父母應當正視孩子的任何問題，除了予以解答外，還可與他一同尋找答案，培養其解決問題與搜索資料的能力。

被譽為「發明大王」的愛迪生（Thomas Alva Edison）創造了電燈、留聲機，為人類生活帶來重大貢獻。其原因在於他對任何事物都具有好奇心，時常問「為什麼」，但假使當時愛迪生的媽媽不予理會，那他或許就不會有現今的成就了。

為人父母者，其一言一行都會影響孩子，無論面對什麼情況，當孩子向你提問時，都應該耐心回答，並給予孩子鼓勵而不是斥責。如果無法回答孩子們的問題，父母也可與孩子一起探討，或者很誠實地告訴孩子你需要一點時間去了解，等弄懂了再告訴他們。

要想培養一個善於思考、樂於學習的孩子，就不要封殺他們提問的權利，並且要營造一種良好的學習環境。其實，孩子的求知學習正說明他們在動腦思考，並且渴望獲得新知來充實自己。身為父母更不應打擊他們的學習熱情，削弱孩子的求知欲望，而應支持、肯定孩子的學習行為，並極力給予幫助，提升他們的求知慾。

孩子喜歡你這樣教！

✻父母也應熱愛學習

父母本身若熱愛學習，將更能激發孩子的求知慾。因此，當孩子面對喜歡看書的父母時，心裡會油然而生一種學習動力，並有意無意地將父母當成自己的榜樣，進而複製其模式，作為學習時的依據。

✻認真監督

「學習」需要長期耕耘，沒有一定的毅力將很難堅持下去。因此，父母除了鼓勵孩子外，還應做好監督工作。平時，要認真觀察孩子的學習情況，按時檢查孩子完成作業的情形，並定期空出時間與孩子談心，了解其學業上的問題，如此孩子將會產生一種緊迫感，進而培養學習定力，此時若再搭配鼓勵的話語，孩子便會逐漸愛上學習。

✻及時獎勵

當孩子學習出現進步時，應及時給予獎勵，除了口頭上的表揚，還可給予孩子一些物質獎賞。例如，成績進步了，可實現孩子一個願望，或是到孩子最想去的地方遊玩參觀，甚至大一點的孩子可給他偶像的演唱會門票等；此外，父母亦可在親朋好友面前表揚孩子的進步，使其獲得更多成就感，以激發孩子的學習熱情。

給孩子一份私人進度表

～教養，學習讓孩子安排自己的時間

「望子成龍」的心態雖是父母們的共同心聲，但不應將孩子的時間填滿，讓他安排自己的私人時間，才能培養孩子獨立自主的能力。

　　文君媽媽相當「關心」孩子的學習情形，前一陣子，她發現文君的英文成績退步，非常著急的她，馬上找到一家師資優、風評佳的英語補習班，並馬上幫她報名。但文君一點都不想去，因為補習是週五晚上，這通常是她和幾個好朋友的固定聚會時間。

　　但在媽媽的極力勸說下，文君只好去補英文。第一天上課回來，媽媽高興地問：「女兒，老師上課怎麼樣？一定很不錯吧！這家補習班很有名，而且老師教得也很好……」

　　聽著媽媽的叨唸，文君有點不耐煩，便冷冷地說：「妳又

沒上過課，怎麼知道好啊！而且為什麼你們要我做什麼，我就要做什麼！況且週五本來就是我和朋友的聚會時間……」

在媽媽眼裡，文君是位聽話的孩子，從來不會對他們說「不」，但今天怎麼會出現抱怨呢？媽媽對此感到納悶，說道：「我以為妳很樂意接受這樣的安排，妳以前從來沒有表現出不滿意。」媽媽微笑地說。

「你們不就是要一個聽話的孩子嗎？」文君賭氣說道。

「看來，我們給妳的壓力有點大！其實，讓妳補習就是想幫妳提高英文成績，這對妳很好。」媽媽回答。

「那是你們的想法，你們從來沒有問過我。」文君依舊不諒解。

「對於這一點，我承認，我是疏忽了。那麼妳現在告訴我，妳希望怎麼做呢？」媽媽開始和女兒商量著。

沒想到媽媽會這樣問，所以文君愣了一下後，才緩緩說道：「我希望在週五能保有與朋友相聚的時間，我並不討厭補英文，但是我希望能有時間和我的朋友們一起玩。」

聽到女兒的回答，媽媽開始反思。的確，送孩子學英文只是自己一廂情願，她從來沒有徵求過孩子的同意。於是，媽媽答應了文君的要求，並許諾以後要做什麼決定都會與她商量。

學習進度，讓孩子自行安排

我曾經看到一位國中生在MSN的暱稱上寫道：「送孩子去補習是因為父母在彌補自己以前無法學習這些東西的缺憾。但人生是一場馬拉松，一開始衝太快又有什麼用。」除此之外，我也經常聽到補習班的學生說「爸媽總自以為是，從不聽我們的意見，就幫我們報名這個、報名那個，其實我們並不是全都喜歡，甚至有些討厭……」

從孩子的怨言裡，我發現有些家長對於孩子的學習，並沒有給予他們足夠的話語權，全是憑著自己的經驗和社會環境的迫使下，自作主張地安排孩子的學習進度。於是，他們便成了學習機器。

的確，當孩子還很小時，凡事都必須聽父母的。因為他們沒有判斷力，自我意識也還正處於成長的階段，故父母身為他們最信任的人，當然會按照其安排行事。

但是，孩子始終會慢慢長大，當他們有了自己的想法時，便會學著去判斷、衡量父母所說的話是否符合自己的要求，能否樂意接受。而這時的矛盾往往也開始出現，所以我們經常聽到父母感嘆：「以前很乖，現在怎麼會這樣？」由於父母和孩子看問題的角度不同，想達到的目的也不太一致，所以產生了分歧，而這時便要進行理智的溝通與討論。

英國著名管理學家查爾斯·漢迪（Charles Handy）說過：「對教育而言，真正需要的不是國家制定的進度表，而是給每個孩子一份私人進度表。」同樣的道理，父母教育孩子的最有效方法就是找

到一份適合孩子的進度表，而不是以自認為對孩子最好的計畫來強加套用到他們身上。

父母會自作主張地安排孩子的學習進度，其大致原因如下：一是認為孩子太小，其辨別與選擇能力不足，進而協助他們走上正確的學習道路；二是家長權威思想作怪，認為自己是父母、監護人，可以安排孩子的一切，並且不需要經過孩子的同意；三是缺乏良好的親子溝通機制，沒有與孩子商量決定的習慣。

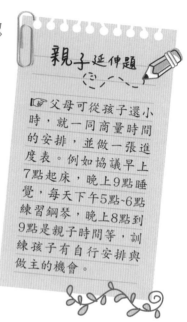

親子延伸題

☞ 父母可從孩子還小時，就一同商量時間的安排，並做一張進度表。例如協議早上7點起床，晚上9點睡覺，每天下午5點~6點練習鋼琴，晚上8點到9點是親子時間等，訓練孩子有自行安排與做主的機會。

針對這種情況，我建議家長們可採取以下作法：

1. 舉辦家庭會議，讓孩子參與

家庭會議的舉辦，可協助孩子學習自己做主。當孩子遇到課業問題，需要父母提供幫助或指導時，可嘗試開家庭會議討論。在過程中，父母應先進行分析，讓孩子清楚問題所在，並明確告知孩子自己的想法，最後讓他決定是否需要上補習班或請家教等，當父母與孩子認真討論後，應相信孩子會有一個正確且適合自己的選擇，並讓他們為自己的決定負責。

2. 家庭角色互換，親子將心比心

孩子有時不配合父母的安排，是因為他們無法體會父母的苦

心，為了能讓孩子了解父母的辛苦，可嘗試玩「角色互換」的遊戲。意即讓孩子當家長，體驗子女不聽話時的難處與心情，如此一來，孩子也能學會將心比心，重新審視父母與自己所提的每一個要求。雖說不可能一開始就立即接受，但當孩子經過這種體驗後，也就能慢慢了解父母的苦心與用意了。

孩子喜歡你這樣教！

＊及時了解孩子的學習動態

父母每週或每天挪出一個固定時間，開一次家庭談心會，鼓勵孩子講出自己最近的學習狀況，分析其課業上的得失。此時，父母應認真傾聽、多加鼓勵孩子表達，並進一步幫助孩子了解學習的優勢和劣勢，調整其學習方法。

＊讓孩子承擔失敗後果

當孩子學業成績退步，父母所提出的建議遭其否決後，就請家長別再強迫孩子接受自己的意見，應讓他們承擔後果。等之後再次討論這個問題時，父母可將孩子決定失誤的地方進行批評與分析，使其意識到自己思慮的缺失，進而改善。

＊讓孩子獲得自主決定的成就感

當孩子因為自己做決定而獲得成功時，可特別召開家庭會議表揚，讚許孩子堅持了自己的觀點，學會處理事務，藉此給予孩子適當獎賞並鼓勵他們，進而提高他們自主管理與培養其安排進度的能力！

專注有利於學習！

專注是提升孩子學習的原動力
～教養，學習鞏固孩子注意力

輕鬆教養談

專注力的高低，除了生理因素外，家庭氣氛的和諧與否也是影響孩子專注力的原因之一。

親子Story

　　翔霖是我們班上的一名國三生，有一段時間，翔霖上課經常心不在焉，每當問他問題時，他總是支支吾吾，不知該怎麼回答。仔細觀察他後發現，翔霖的眼神不是黯然無光，就是盯著窗外發呆，或者是四處轉頭看周圍的同學，而認真聽課的時間很少。

　　由於翔霖的行為有些不尋常，所以我撥了電話到他們家，接起電話的人是翔霖的媽媽。當我將翔霖在補習班的情況描述一遍後，只聽她嘆了口氣，說道：「這個孩子怎麼回事啊！我跟他爸已經有一大堆的事要處理，他怎麼又不乖讓人操心了

呢？老師您放心，等他回家，我一定會教訓他。」

聽完翔霖媽媽的話，我趕緊又問：「你們最近這麼忙，會不會跟孩子上課注意力不集中有關啊？」

她回答得很乾脆：「不會的，孩子上課注意力不集中，怎麼會跟我們忙碌有關呢？」

雖然如此，但我仍覺得有必要請她到補習班一趟，了解整件事情的經過，於是委婉地說：「您還是抽空來補習班看看翔霖吧！弄清楚原因了，對孩子才好！」

後來，翔霖媽媽空出一天到補習班，這時我也找了翔霖來了解情況。我請他說出煩惱，但他默不作聲了好一陣子，在我們的鼓勵下，最後才道出了心聲：「最近爸爸媽媽因為工作的關係老是吵架，有幾次還聽到他們說要離婚，我最怕失去爸爸媽媽了，每天都在擔心他們會分開，所以上課才會心不在焉！」

知道翔霖不專心的原因後，媽媽抱著兒子柔聲說道：「對不起，是爸爸媽媽不好，你放心，我們不會離婚的！」

過了一陣子後，我發現翔霖在課堂上已經沒有左顧右盼、不專心等情形發生，還看到他很認真地聽課並勤做筆記，我相信一定是翔霖父母的改變，才能讓他安心上課。

孩子不專心，家長也有責任

當孩子出現不專心的情形時，多數父母都不太會意識到他們可能是在家中遇到問題或困難才會有此表現。因此，當發現孩子注意力欠佳時，首先應釐清原因。根據專家學者指出，孩子注意力不集中，可分為生理與外界因素：

1. 生理因素

注意可分為「無意注意」（不隨意注意）和「有意注意」（隨意注意），3歲內通常以無意注意為主，但隨著大腦的發育，有意注意將會逐漸發展。

「無意注意」意即是由事物本身的特點所引起，既沒有特定意圖，更不需要特別專注的一種注意狀態。例如低年級學生上課時，如果學習過程引起他們的興趣，他們便會對其內容（或抽象事物）產生興趣，這就是利用了兒童的無意注意。

而有意注意則是需要透過一定的努力，積極主動地去觀察某種事物或完成某種任務。例如學生正在聽老師講解除法，但因對其原理還不熟悉，所以必須專心聽講與練習，否則無法理解；或者是在做特別容易犯錯的工作時須集中注意，避免失誤。所以，有意注意經常用於活動性的任務。

此外，年紀越小的孩子，其集中注意的時間不僅相對較短且也不穩定，所以很容易被轉移注意力。若想維持孩子穩定的專注力，父母應觀察其生心理發展的特點來進行調整。甚至有些孩子先天視

力、聽力不正常，神經系統發育不健全，導致對一件事情無法產生有效專注，此時父母應帶孩子尋求醫療協助，提供其改善機制。

　　而營養不良也是注意力不集中的罪魁禍首之一，如缺鐵性貧血的孩子、鉛中毒者都會造成孩子注意力不集中。另外，喜歡喝可樂、茶、咖啡等會引起孩子興奮物質的飲料，也會影響孩子專注力的發展。故營養學家建議，孩子應多喝牛奶補充鈣質，以及豆、魚、肉、蛋類等蛋白質，以提供孩子足夠的營養。

親子延伸題

☞父母平時可與孩子玩一些需要集中注意力的遊戲，如看圖找缺失的部分（熊只有一隻耳朵、公車少一個輪子、手指頭少了一根拇指、襯衫少了一顆鈕釦）、大風吹等遊戲，以培養其專注力。

2. 外界因素

　　其實，周圍環境也會影響孩子的注意力。例如孩子寫作業時，父母在旁邊走來走去、隨意講話、看電視等，都會分散孩子的注意力，不利於其發展。正確作法應是給予孩子一個安靜寫作業的環境，幫助他集中專注力；即便是孩子在看電視或看書，父母也不應隨意打斷他，以免孩子分心。

　　俄羅斯教育家烏申斯基曾精闢指出：「『注意』是我們心靈的唯一門戶，意識中的一切，必然都要經過它才能進來。」因此，孩子只有具備極佳的專注力，才能吸取知識，達到高效學習。然而，身為父母該如何提升孩子的注意力呢？

1. 分時段學習

　　如果孩子能在規定的時間內，分階段性且專心地完成學習，父母可及時給予孩子讚賞、鼓勵，並讓孩子休息5～10分鐘，允許他們玩心愛的玩具或小遊戲等。接下來，再以同樣的方式，完成之後的階段性學習。當孩子一直都做得很好時，父母可逐步延長單次集中答題的時間，訓練孩子擁有更持久的專注力。

2. 閱讀測驗提升專注力

　　在進行閱讀測驗時，可要求孩子把題目的重點、條件用筆畫出來，以防粗心答錯。這些動作可提高答題正確率，以藉此加強孩子的自信心，使其產生「我能集中精力做好一件事」的成就感。尤其閱讀測驗是集中孩子注意力的最好訓練方式，既可增進孩子的閱讀審題能力，又可讓他學會全神貫注地做好一件事，這對孩子往後的成長與處事有較大助益。

孩子喜歡你這樣教！

＊讓孩子做自己喜歡的事

當孩子專注做一件事時，父母切忌干擾，應耐心等孩子完成後再去找他們。家長應了解，當孩子沉浸於他所喜歡的事物時，便是在無形中培養他們的注意力。故父母可在孩子完成自己的「工作」後給予鼓勵，如「你能這麼專注地做好一件事，真棒！」平時以多鼓勵、少批評為佳，並以不干擾孩子做自己喜歡事情為主要原則。

＊減少嘮叨和訓斥

父母不妨讓孩子做自己時間的主人，教孩子學會安排各階段的任務，例如當他在規劃好的時間內做完功課，將會空出更多時間做其他事情，進而產生成就感。所以，當孩子能良好地掌控時間後，做事也將變得更有效率。

＊營造安靜環境

父母應營造一個能集中注意力的家庭環境。因環境對培養孩子注意力而言，相當重要。例如在孩子的書桌上，只能放書本等相關學習用品，切忌擺放玩具、食品，更不能有電視、電話等聲音干擾。此外，父母也盡量不要在孩子學習時從旁經過、大聲喧嘩，以免分心。

挫折是孩子成長的養分！

勿讓消極言語打擊孩子自信
～教養，學習提升挫敗能力

輕鬆教養談

在孩子的成長過程中，一定都會遇到挫敗和打擊，若能從中汲取教訓與經驗，便能塑造其堅強性格。

親子Story

　　慧心是我一位隔壁鄰居的女兒，她很喜歡跳舞，從小就愛跟著音樂轉來跳去，爸爸媽媽也覺得她應該有跳舞的天分，於是送她到才藝班學芭蕾。

　　「嗚……」慧心一進家門，就聽到她的哭聲。

　　媽媽趕緊問：「怎麼了，寶貝？來媽媽這邊……」

　　媽媽順著慧心指的方向一看，發現女兒的膝蓋已經紅腫，等她平靜下來後，媽媽才問出了事情的原委。原來，今天老師讓學生們做一個基本動作，但慧心好像不能掌握其中要領，所以練習一次就摔傷一次。

　　她似乎有些沮喪：「媽媽，我真的盡力了！」

　　「哦……寶貝，媽媽知道妳盡力了，算了吧！可能妳沒有這個天分。」媽媽安慰道。於是到了隔天，媽媽便幫她退掉芭蕾舞班的課程。

· ♥ · · ♥ · · ♥ · · ♥ · · ♥ · · ♥ · · ♥ · · ♥ · · ♥ · · ♥ · · ♥ ·

跨越挫折，才能激發孩子潛能

　　在孩子的成長過程中，一定都會遇到挫折和打擊。若一件事情沒有難度，那將失去鍛鍊孩子心智的機會，因為那些輕而易舉就可獲得的成功，往往不能帶給孩子啟發。

　　分析慧心哭泣的原因，事實上她只是想釋放一下受挫的情緒，因為她對自己的表現不滿意，甚至懊惱自己應該可以做得更好。但是媽媽的反應卻沒有讓她意識到自己的潛力，反而讓她認為媽媽對此感到很失望。

　　其實，慧心只是需要媽媽的理解，但媽媽卻錯誤地認為孩子學習跳舞很痛苦，甚至覺得慧心也許不適合，更自以為對孩子說的「算了吧！可能妳沒有這個天分」是對女兒的理解與支持，殊不知是埋沒她的才能，甚至造成她無法面對失敗的心態，進而形成退縮性格。

　　事實上，慧心的想法很簡單，媽媽只要給她一些鼓勵與支持的話語即可！教育專家表示，父母以為不強求孩子做一些他們無法完

成的事也是現代教育的理念，其實這是錯誤的。孩子必須從挫折、困境中吸取經驗，才能學習與成長。並且，父母的反應才是教養重點：首先應對孩子表示同情，並共同分擔他們的失望、挫折、憤怒或難過的情緒；如果他們已經做了最大的努力，那麼父母就要對此予以肯定，維護他們的尊嚴與自信。可說：「我知道你盡力了，而這一點才是最重要的」，諸如此類鼓勵的話語，藉此反映父母具有幫助孩子解決問題，支持他們繼續努力的信念。

　　失敗、打擊、挫折都是人類在探索這個世界時所會遇到的，而要如何以堅忍的心志來克服，就要看兒時的教育。當孩子遇到困難時，父母要引導他們解決障礙、克服問題，並告訴孩子不要放棄、繼續努力，以加強他們的自信心。

　　孩子的成長教育，最忌諱幫他們貼上標籤，其想法、觀念往往會受到大人所影響。孩子在學習、成長的過程中，一定會遇到許多困難，假使抗挫力不強，便會出現挫折、厭學等情緒。由此可知，我們可將孩子產生挫折情緒的主要原因歸列如下：

親子延伸題

☞當孩子遇到困難並出現受挫情緒時，父母千萬不要替手解決，而是引導孩子自己面對。父母可從孩子還小時，利用一些如拼圖、象棋等益智遊戲，讓孩子從問題中找到出路，藉此訓練抗挫力。

1. 事情太難，沒有興趣。

　　當孩子遇到一件難以處理的狀況時，心理上就會產生挫折情緒，並失去信心。若再加上本身對此並無興趣，更會加深孩子不想面對的心態。

2. 教育不當，挫傷自信。

當孩子遇到困難而完成不了一件事時，有些家長便會認為是孩子偷懶，不願解決，甚至是嚴厲批評、動手打罵孩子，如此不但沒有改善效果，反而會強化孩子的挫折情緒，對正在面對的問題徹底失去信心。

3. 沒有掌握調節挫折情緒的方法。

孩子畢竟還小，挫折忍受力差，故遇到問題時，往往會選擇逃避。除此之外，孩子也知道爸爸媽媽會在這時協助他們，所以將困難交給家長解決；但有時候，父母並不能完全預料到孩子可能會遇到的困難，所以在應對方法不足的情形下，孩子將陷入挫折情緒中，導致厭學情形的產生。

其實，父母若真的覺得孩子不適合做某些事，可針對孩子的客觀情況來分析他們的能力與興趣，接著提出一些建議。無論孩子做出何種選擇，只要是他們喜歡、有興趣的，便一定會全力以赴。當孩子在此過程中遇到困難時，父母應避免說出「否定性語言」，並平靜地與孩子一同面對，當你的心態無所畏懼且平和時，孩子在你的影響下也將重塑信心，進而克服挫折情緒！

＊幫孩子建立自信，給他鼓勵

　　當孩子遇到困難時，父母應耐心地告訴其問題所在，並幫助他一起面對，教會孩子克服困難。在孩子解決問題的過程中，哪怕是他有了一點點的進步，都要及時給予鼓勵，如此才能慢慢恢復孩子的信心，克服挫折情緒。

＊及時和老師溝通，具體分析問題

　　孩子產生挫折情緒的原因很多，因此父母應與老師經常溝通，深入了解其原因，如此才能有效幫助孩子找到克服困難、平撫挫折情緒的方法。

＊父母切勿有過高期待

　　在教育孩子的過程中，其挫折情緒往往是因父母過高期望所致，因此為人父母者，對孩子的期望要適當，不要急於求成。此外，還要幫助孩子建立明確合理的學習目標，即便他們往後遇到困難，但只要目標明確，就能產生解決問題的動力。

積極眼光，發揮孩子潛能！

你的暗示是毒品還是良藥

～教養，學習善用積極暗示

輕鬆教養談

對孩子來說，教養是良藥還是毒品，端賴於家長的教育模式是積極的讚賞與認同，還是消極的打罵與否定。

親子Story

　　我有一位女性朋友，體質本來就差，其所生下的女兒雅婷，健康狀況也不是很好。再加上朋友在銀行工作，老公則在科技公司當工程師，所以工作忙、運動少，女兒當然也受父母影響，變得不怎麼愛運動。

　　由於小學低年級的課業比較輕鬆，所以雅婷不必花費太多精力學習，成績便能維持在班上的前五名；但進入三年級後，課業難度逐漸增加，這讓她的瘦弱體質有點吃不消，使其沒有多餘的精力複習。後來，爸媽帶她去醫院檢查，醫生建議雅婷加強運動，但因父母工作忙碌，根本沒有多餘的時間帶孩子去

運動，所以媽媽便幫雅婷買了很多營養品，希望能藉此調整體質。過了一陣子，家裡的鈣片、維生素等營養品逐漸堆積如山，雅婷每天上學前，除了吃飯外，還要吃一堆健康食品。

一段日子後，身體確實好多了。但漸漸地，雅婷對營養品產生了依賴性，只要今天不吃，就渾身不舒服，心裡特別緊張，深怕自己會不適暈倒。

還記得有一次的數學測驗，因前一天晚上複習太晚，結果第二天睡過頭便匆匆忙忙地趕往學校。後來考試時，雅婷突然想起早上沒吃藥，心裡感到不踏實，一直怕自己會不舒服，結果考試進行了一個小時左右，雅婷實在抵不過內心的壓迫感，最後暈倒了。由此可知，雅婷並非因營養品的作用才能有效學習，而是被自己的心魔所打敗！

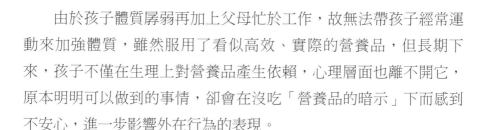

訊息暗示，是孩子成就的關鍵

由於孩子體質孱弱再加上父母忙於工作，故無法帶孩子經常運動來加強體質，雖然服用了看似高效、實際的營養品，但長期下來，孩子不僅在生理上對營養品產生依賴，心理層面也離不開它，原本明明可以做到的事情，卻會在沒吃「營養品的暗示」下而感到不安心，進一步影響外在行為的表現。

根據專家研究指出，讓孩子藉由補充營養品來增進其學習效

果，其實是給孩子一種消極的心理暗示，例如每天吃一顆維他命B群可提振精神，但如果一天沒吃，就會覺得特別疲累，這就是一種消極暗示。其實，以前述友人女兒的案例可知，孩子並非一定要依靠營養品才能有良好的學習成果，這是因孩子長期被「吃營養品＝學習好」的心理暗示所催眠，導致不相信自己的學習能力。後來我建議友人，請她跟女兒解釋營養品只是為她的健康加分，並不能幫助成績進步，因學習還是要靠自己的意志來完成。之

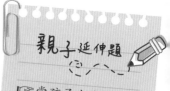

☞當孩子生病或受傷時，父母應將擔憂、心疼藏在心底，否則孩子會認為生病受傷是件大事。並且，父母應保持積極正面的回應，讓孩子知道這並沒有什麼，以免孩子將不適放大！

後過了一年，友人告訴我，她的孩子調配了休閒與學習的時間後，即使現在不吃營養品，也能擁有很好的學習效果！

　　根據心理學家巴甫洛夫表示：「暗示是人類最簡單、最典型的條件反射。從心理機制上來說，它是一種被主觀意願肯定的假設，雖不一定有根據，但由於主觀上已肯定了它的存在，故心理上便會竭力趨向於這項內容。」

　　而父母的教育過程，又何嘗不是如此！假使我們常給孩子一些消極的暗示，例如爸媽總說孩子笨，責怪他不懂禮貌，或認為孩子的字寫得不好看等，長期下來，孩子會逐漸認定自己就是那樣的人，進而減弱自信心。反之，每當孩子有一點點的進步，父母便讚揚、肯定其努力的過程與結果，將能使孩子在成就感中發展自信心，進而培養出積極正向的心態。

＊激發孩子的雄心壯志

　　每個孩子都有自尊心，父母在充分尊重和鼓勵孩子的前提下，採取「激將法」能激發孩子勇往直前的動力。

＊擁抱

　　有時候，一個堅實的擁抱比千言萬語還管用，因為那代表著一份信任，一份支持和一份依靠。在教育孩子的過程中，父母應經常給予孩子一個溫暖的擁抱，藉此發展孩子積極健康的心理，使其在面對挫折時能更加從容、淡定。

＊無聲的支持——留言

　　在大多數的情況下，教育孩子通常都會用言語、動作或者神情來表達，其實我們也可採用寫的方式和孩子交流，肯定孩子的付出和成功，給予積極的心理暗示。此外，當發現孩子遇到問題而難以啟齒時，也可利用寫信或者即時通的方式跟孩子聊天，將自己對孩子的鼓勵寫給他看，這對孩子來說，也是一種無聲的支持，有時比促膝長談更能達到鼓勵作用。

為孩子營造滿家書卷氣！

家庭氛圍，讓孩子愛上學習
～教養，學習打造書香家庭

輕鬆教養談

若要求孩子不吃零食，自己就別在孩子面前大嗑垃圾食物；同樣地，希望孩子好好念書，就不要在他學習時談天作樂。

親子Story

　　一天假日，我到同事家作客。這時，我看到他對兒子宗宏開始「發號施令」：「宗宏，快去寫作業，今天國文應該讀到『背影』，聽到了嗎？」

　　「哦！」原本宗宏正準備看他最喜歡的影集，被爸爸這麼一說，心裡雖然有些不高興，但還是慢慢走到房間。

　　宗宏進去後，同事一邊跟我聊天，一邊拿著遙控器轉台，最近韓劇《大長今》是他和妻子兩人每晚必看的節目。不一會兒，電視劇時間到了，他興奮喊道：「老婆，《大長今》播了，快來啊！」只見她的妻子正在廚房收拾，匆匆弄了一下，

就跑過來一起看電視。

　　兩人一直跟我推薦這部戲有多精采，滔滔不絕地大聲談論。看著他們的行徑，我一直覺得不妥，因為孩子正在寫作業，但客廳聲音這麼大，孩子要怎麼專心學習！後來我輕聲說道：「你們小聲點吧！宗宏在寫作業呢！」

　　沒想到，宗宏這時跑了出來，抱怨道：「你們不准我看電視，自己又在看，而且討論聲音這麼大，我真的很難靜下心來看書！」

　　這時，我看到同事正準備教訓兒子，便阻止道：「我們是該關掉電視、小聲一點的，孩子看書需要安靜、專心的環境，否則他很難專注地思考。」

　　同事聽完後也覺得很有道理，便跟兒子保證說會關掉電視、降低音量，讓他擁有安靜的學習環境。

· ♥ · · ♥ · · ♥ · · ♥ · · ♥ · · ♥ · · ♥ · · ♥ · · ♥ · · ♥ · · ♥ ·

對孩子說一套，就別做另一套

　　我想這個故事的前半段在許多家庭中一定都會上演，父母不准孩子看電視，自己卻開著；跟孩子說吃冰傷身，自己卻開心地大口吃冰，當小孩回嘴：「你不是說吃冰傷身嗎？」父母卻回應他：「因為我是大人，所以沒關係。」生活中，諸如此類的例子相當多，只因父母認為自己是大人，有權利做這些事。殊不知小孩是看

著大人學習的，如果自己都不能以身作則，那他們又為什麼要聽你的呢？

許多父母緊盯著孩子的學習進度，幾乎不給他們喘息的時間，並要求他們念書時不准上網、看電視、看漫畫、聽音樂等，但自己卻經常有意無意地違背，看在孩子眼裡將是兩套標準！不僅有損父母在孩子心中的權威性，甚至也會使孩子出現陽奉陰違的不良行為。

☞父母可在週末，與孩子在家中玩如「成語接龍」等遊戲，或者進行親子閱讀等心得交流，甚至舉辦說故事比賽、腦筋急轉彎等活動，如此都可有效激發孩子的學習熱情。

因此，要引導孩子熱愛學習，父母必須營造一個安靜、和諧、積極向上的家庭氛圍。而父母尤應注意自己在生活中的許多行為細節，因其無形中會對孩子產生極大影響。那麼，我們究竟該如何營造良好的家庭氛圍呢？

1. 幫孩子布置一個安靜的書房

如果家中條件許可的話，最好給孩子一個單獨的房間作為書房，並且不要放置電器，如電視、電腦等，因其輻射會讓孩子心情煩躁，影響學習效率。此外，書房的布置要徵求孩子的意見，盡量裝潢得雅緻溫馨，當孩子置身於這樣的環境時，心情才能穩定以靜心學習。

2. 孩子學習時，應降低電視音量或者關閉不看

孩子在房間學習時，也有可能受到客廳電視或者父母聊天談話

的影響而降低學習效率。故孩子在學習期間，應盡量調低電視音量並避免高聲談論；甚至當父母需要商量事情時，也最好回到自己的房間，關起門來小聲討論。

事實上，當父母有意營造良好的學習環境時，孩子將更能專注地念書、寫作業。千萬不要嘴裡喊「不行」，自己卻在孩子面前做這些「你禁止他的事」，如此將使他們產生矛盾情緒。故父母必須言行合一，在他們面前作好榜樣，使其在規範內遵守原則。

＊最好的學習氛圍

當孩子學習時，父母最好能和他們一起走進書房，而當孩子寫作業時，父母也可在旁邊安靜地處理自己的事情，如看書、寫報告等，以盡量不干涉孩子學習為其原則。當孩子看到爸媽能持續在旁陪伴自己念書時，無形中也會增加他們奮進的動力。

＊找同伴學習

現在家庭很多都是獨生子，雖在家中可與父母一起玩遊戲、學習，但終歸還是沒有脫離父母的懷抱，無法獲得團隊合作、互助謙讓等經驗。

因此，父母可定期在家裡邀請朋友，或者與自己子女年紀相仿的鄰居小孩一起學習。但是，父母應切記督促孩子的學習效果，避免演變成互相聊天、玩耍的時刻。而父母亦可根據孩子的表現，將這種學習方式當作一種獎勵，藉此讓孩子和同伴有練習交往的機會。如此一來，將能增進孩子的人際關係。

PART 3

潛移默化中塑造良好品格

關係和諧，性格自然好！

壞情緒是造就性格消極的魔鬼
～教養，學習不意氣用事

培養孩子陽光積極的性格，端賴於家庭氣氛是否良好，因此給予孩子一個自由發展的空間，對其品行的建立有所助益！

親子Story

　　一天，朋友帶著兒子耀昇來我們家玩，正當小孩們玩得正高興時，耀昇不小心將桌上的杯子撞倒摔破了，朋友看到後一把將兒子拉過來，原本以為他會責罵耀昇，沒想到他卻用溫和的語氣說：「這是怎麼回事？怎麼玩一玩打破杯子了呢？」

　　只見耀昇直道歉：「爸爸叔叔對不起！對不起！我剛剛因為倒著走，所以沒注意到桌上的杯子！」

　　聽完耀昇的解釋，我說：「沒關係、沒關係！碎片有沒有傷到你呢？」耀昇搖搖頭。

　　友人看到兒子知錯了，繼續以平和的語氣說：「玩歸玩但

也要注意周遭環境，打破杯子很危險，一不小心會傷到人的！先處理玻璃碎片吧！」說完，便一起幫忙撿起碎片。

　　事情告一段落後，友人告訴我：「還記得耀昇小時候，我對他的管教相當嚴厲。有一次我帶他去外公家吃飯時，耀昇調皮地一直用筷子撥弄盤子裡的菜，一不小心把湯碰倒了。我非常生氣，動手打了耀昇一下，結果他大哭起來，之後也變得開始怕我，從此以後老說我是壞蛋、魔鬼，而且個性變得比較偏執，經常容易動怒。後來，我也意識到自己有點過分，所以很後悔，從那以後便盡量對他不發火、不動怒，凡事都跟孩子講道理，他對那件事的陰影才逐漸消失。」我點點頭表示認可。

　　的確，對於還在探索階段的孩子發脾氣真的於事無補，唯有讓孩子了解其中道理，才能避免他們再次犯錯。

輕鬆管教，親子交流更融洽

　　透過耀昇的成長經歷，我們可以了解孩子心態是否積極，與其家庭氛圍、父母的情緒控管、教育理念等息息相關。唯有在溫和、寬容、民主環境下長大的孩子，其能力與學習成效才能擴大發揮。故為了讓孩子能健康成長，父母必須注意以下三項要素：

1. 為孩子帶來安全感

根據馬斯洛（Maslow）的需求層次理論指出，人較淺層的需求是安全感。因此，當孩子產生安全感後，其心態與性格才會健康成長。故父母應給予孩子一個相對寬容、民主的環境，而不是用情緒管教孩子，甚至讓他害怕你。

2. 給孩子輕鬆的氛圍

當孩子身處在寬容、和諧的家庭時，他們便有更多的自由空間得以健康成長。例如平時在家，對孩子的一些行為不要輕易動怒，父母應努力維持理性，讓孩子了解自己的錯誤並積極改正，讓他們在愛的氛圍中成長。根據研究指出，在充滿愛中長大的孩子，不僅情緒穩定、容易滿足，也較會為他人著想。

3. 給孩子一個自由環境

自由對兒童來說非常重要，只有在不受嚴格限制的環境中成長，孩子才有自主發展的空間，並擁有親身體驗的機會。除此之外，他們對事情的理解也會更加深刻、清晰，對於孩子的學習、性格養成都有所助益。

由此可知，父母對待孩子的態度與管教模式，將影響其未來發展。若是動輒打罵責罰，孩子將容易暴躁易怒，往後會情緒化地處理問題，甚至有悲觀消極的傾向；反之，若是以道理啟蒙孩子的理性，他們也將學習冷靜看待所有事情，對其情緒EQ與問題解決力有

良好發展。

　　營造輕鬆和諧的家庭環境，是家長們努力學習的方向，唯有如此，孩子才能健康成長。以下將提供最重要的三點教養原則，以作為父母的管教依據：

1. 衝動是魔鬼

　　在孩子的成長過程中，難免會犯些錯，但家長切記不要輕易動怒，因對孩子發火往往無濟於事，非但達不到教育效果，還會讓孩子失去安全感，對父母產生抗拒心理，並使親子關係逐漸疏離，進而造成溝通障礙。

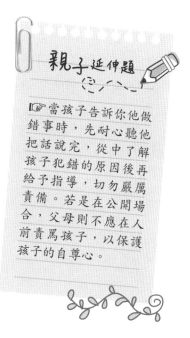

親子延伸題

☞當孩子告訴你他做錯事時，先耐心聽他把話說完，從中了解孩子犯錯的原因後再給予指導，切勿嚴厲責備。若是在公開場合，父母則不應在人前責罵孩子，以保護孩子的自尊心。

2.微笑溝通

　　在人際溝通中，「微笑」是一種極具感染力的交際語言，不但能快速縮短你和他人的距離，甚至還能傳達情意。因此，不管是高興時為孩子慶祝，還是孩子遇到困難時的安慰，父母真誠的微笑都能讓他們產生溫暖，並對你的道理引起共鳴，進而出現莫大的鼓勵和動力。

3. 幽默

　　幽默能令人卸除壓力，感到輕鬆。例如當孩子成績下滑時，利用輕鬆調侃的話語可先恢復孩子低落的情緒，之後再理性分析其退

步的原因，如此將能提高孩子的接受程度。

　　或者，當孩子失手打破家裡的玻璃杯時，父母不必急於責怪孩子，可以說：「寶貝，不要緊張，歲歲（碎碎）平安嘛！」如此一來，孩子緊張的心情就會平復，這時再跟孩子說明拿穩玻璃杯的方法，孩子便容易聽得進去，並避免下次再犯同樣的錯誤。

＊做個快樂父母

在孩子面前，父母應做一個快樂的榜樣，即使工作遇到挫折，也不輕易在孩子面前表現出低落的情緒，而是給他們一個堅強、正面的引導。由於父母是孩子的一面鏡子，當自己表現出積極正向的情緒時，孩子才會跟著快樂。

＊寬容是福

父母應向孩子展現人性之美。意即為人處事應「嚴以律己，寬以待人」，不因瑣碎小事而爭執，不因雞毛蒜皮而吵架，不因小矛盾而與人結怨。故生活中，應以寬容的心去對待所有的人和事，給予孩子一個良好示範。

＊打開民主之門

家庭教育往往出現家長說教，維護權威，而孩子竭力反抗，不聽規勸的情況。若想徹底扭轉這種現象，就必須實行民主教育，盡量讓孩子在家中有充分表達觀點的機會。例如，父母若想幫孩子報名補習班，應先徵求孩子的意見再斟酌思量，不要急著做出決定，如此將會產生孩子叛逆與反抗的心理。

過分指責，自卑成孩子的影子
～教養，學習讚賞的藝術

自信心的建立來自於他人的認同與讚賞，而孩子就如同白紙一般，當父母在白紙上畫下彩色塗鴉，便代表孩子的自信心也能極盡發揮！

10歲的昭炫身形圓滾肥胖，每次上下樓，都要中途休息三次，不然根本爬不動。此外，每天寫作業時，由於動作慢，媽媽總會教訓他：「你看你這麼慢，都是因為你太胖了，每次不給你吃肉和喝飲料，都像要你命似的！」

由於他的爸媽老是說他太胖，導致昭炫變得很自卑，平時在班上不僅很少主動跟同學說話，甚至看到老師也會認為在說他「這個小胖子又胖又笨，真討厭！」但事實上，這全是他的自卑心在作祟。

就這樣，昭炫在惡性循環下，變得越來越脆弱和膽小，而

且還特別孤僻。昭炫的爸媽也意識到孩子的性格越來越沉悶，但卻沒有想到是自己常說孩子又胖又慢，才使孩子產生自卑感的。

　　後來，昭炫的爸媽在講座中告訴我這個情形，結果發現原來是自己的言行導致孩子出現消極的態度。經過一番諮詢後，爸媽改變說話方式，不再評論兒子的外表，而是針對孩子的進步與良好行為表示讚賞；此外也開始控制孩子的飲食，並向他解釋原因與其健康性。經過了一年，昭炫不僅成功瘦身，也不再封閉自己，甚至還變得開朗有自信呢！

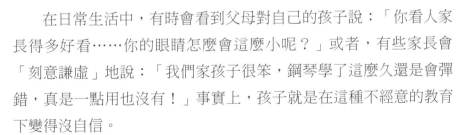

讚美表揚，是使人進步的泉源

　　在日常生活中，有時會看到父母對自己的孩子說：「你看人家長得多好看……你的眼睛怎麼會這麼小呢？」或者，有些家長會「刻意謙虛」地說：「我們家孩子很笨，鋼琴學了這麼久還是會彈錯，真是一點用也沒有！」事實上，孩子就是在這種不經意的教育下變得沒自信。

　　因此，身為孩子最親近的人，一直討論批評孩子的長相，將會影響其自信心的發展，甚至會使孩子覺得自己不受寵愛。由於孩子小的時候會認為自己可不可愛、長得漂不漂亮、乖不乖，是父母喜不喜歡自己的重要原因。故父母若認為自己長得不好看，那就是等

於自己不受寵愛，孩子也會因此缺乏安全感，甚至覺得自己就是一個醜小鴨，不值得被喜歡；而偏激者還會嫉妒別人，長大後將會發展成兩種情況：一是過度在意自己的外貌，瘋狂追求美麗；另一種則是完全不修邊幅，不愛惜自己，甚至自暴自棄。

同樣地，過分指責、懷疑孩子的能力，也會使其心理產生這種感覺：「爸爸媽媽不愛我了，我的能力真的不行！」故當孩子放棄自己時，就等於放棄了自己的未來。追根究柢，往往是父母的「不經意」，摧毀了孩子的自信，使其覺得自己是個無用之人，認為做什麼都不行，所以他們自然變得消極被動、自怨自艾，不僅討厭上學、寫作業，甚至對外界產生敵意，進而將自己封閉起來！

究竟，父母該如何在生活中，給予孩子一個健康積極的引導，使其變得活潑有自信呢？

1. 做第一個告訴孩子優點的人

作為孩子的第一任老師，父母應是第一個表揚孩子優點的人，讓他知道自己有哪些良好表現與性格，鼓勵他發揮優勢，運用在生活當中，使孩子能積極健康地生活。

2. 放手讓孩子做事

任何人都有自尊並且被人尊重的需要，這是產生自信的首要心理動力，當然孩子也不例外。美國心理學家戴爾認為：「孩子們需要一定的空間成長，去試驗

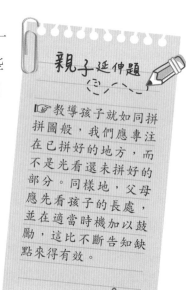

親子延伸題

☞教導孩子就如同拼圖般，我們應專注在已拼好的地方，而不是光看還未拼好的部分。同樣地，父母應先看孩子的長處，並在適當時機加以鼓勵，這比不斷告知缺點來得有效。

自己的能力，學會如何應付危險局勢。」並補充道：「不要為孩子做任何他們自己可以做的事情。」如果父母過度幫忙孩子，等於剝奪孩子發展能力的機會，進而妨礙他們培養獨立與信心的權利。

3. 鼓勵孩子：「困難總有解決之道！」

態度決定一切，勇於嘗試，行動才會有力量。成功學家卡耐基認為，當人如果只堅持要最好的，往往都能如願，而生活的快樂與否，完全決定於個人對所有人事物的看法，因為「生活是由思想造成的」，當心態正向積極，所有困難與問題也都將迎刃而解。

4. 用真誠的態度如實告訴孩子他的能力

假使孩子外形有缺陷時，父母應真誠告訴孩子真相，並鼓勵孩子，讓他知道世界上有許多人在外觀上雖有缺陷，但心態卻是樂觀積極，如失明又失聰的海倫凱勒，以驚人的毅力學會閱讀和說話，所以讓人忽略了她的缺陷，關注其努力的過程與成就，藉此故事增進孩子的自信，鼓舞其行動力。

5. 教孩子埋葬「我不能」

每一個人都會遇到困難，尤其孩子因缺乏經歷，所以更會經常遇到一些挫折的事例。這時候，父母若能經常對他說「你可以」、「你行的」，增加孩子克服困難的信念，便能使「我不能」的負面想法消失殆盡。

孩子喜歡你這樣教！

＊培養孩子的特殊才能

父母可根據孩子的興趣和喜好來培養特長，使孩子透過成功經驗的累積，增進信心。例如，孩子有跳舞天賦，父母可與孩子商量補習，當孩子的興趣結合學習，必定會做得更好。而父母可讓孩子以此成功體驗應用到學業上，藉此增加自信心。

＊隨時鞏固孩子的自信

當父母看到孩子因不斷成功而逐步樹立信心時，千萬不要以為大功告成。因信心建立的過程非一朝一夕，而是在不斷鼓勵、肯定孩子的結果中，鞏固起來。

＊和孩子一起成長

孩子的自卑不是一天就能形成，而是在不經意的點滴小事中累積起來。因此，為了培養孩子的自信心，協助其健康成長，父母可和孩子一同努力。例如當孩子遇到困難和挫折時，家長可陪伴在孩子身邊，與他一起面對，從精神上鼓勵孩子振作，擺脫悲觀難過的情緒！

恐嚇將毀壞孩子的自信！

恐嚇威脅，孩子變成膽小鬼
～教養，學習尊重與說道理

輕鬆教養談

想阻止孩子的不良行為，威脅只會達到一時效果，且是傾毀自信的開始；唯有予以孩子尊重與說道理，才能啟蒙他們的是非觀念！

親子Story

　　品文小時候愛哭愛鬧，媽媽只要氣急了就會對她大聲說：「再哭就把妳送到警察局！」這一喊，止住了品文的哭鬧。從此媽媽好像找到了「祕笈」般，每次都用嚇唬的方式來制止她無理的行為。

　　而上了幼稚園的品文，特別害怕陌生人，只要不認識的叔叔阿姨向她打招呼，她就會躲到媽媽身後。例如社區裡的小朋友過來和她玩，她就會害羞地跑到媽媽手邊，如果對方再熱情點，她就會拉著媽媽往回走，不然就是大哭。

　　有一次，媽媽送她去幼稚園，剛好碰到樓上的吳阿姨，吳

阿姨看到品文，熱情地蹲下來說：「要去幼稚園了吧？」一句話竟把品文嚇哭了，這讓吳阿姨相當尷尬，不知如何是好。

後來到了幼稚園，她也不跟其他小朋友接觸，自己躲在角落裡，一個人玩。

剛開始，爸爸媽媽認為孩子害羞，等長大一點就會好了，可是進入小學，品文膽小的個性還是沒有改變，反而變得更加孤僻、敏感。平時她也很少和班上同學交談，並且放學後也是第一個跑回家，靜靜地吃飯寫作業。要是爸爸媽媽吵架，聲音稍微大聲一點，品文馬上就會嚎啕大哭，弄得爸爸媽媽有點不知所措。

此外，要是平時家裡有客人來訪，她一定會躲在爸爸媽媽後面，不敢出來。假使客人要跟她打招呼，她也不理人家，讓爸爸媽媽和客人都很尷尬。

˙ ♥ ˙ ♥ ˙ ♥ ˙ ♥ ˙ ♥ ˙ ♥ ˙ ♥ ˙ ♥ ˙ ♥ ˙ ♥ ˙ ♥ ˙

鼓勵取代威嚇，膽量才會變大

這段故事的後續，就是品文媽媽在一次的親子講座中，將女兒的行為告訴我，後來她才知道品文膽小的原因是她經常恐嚇女兒的緣故。有關孩子出現膽怯、恐懼的情形，可將其進行以下簡單劃分：

一、屬於本能反應的膽小。意即當所有人面對未知危險、強大對手時，都會表現出膽怯、恐懼、退縮、無所適從的情況。但這一

類的事例不能定性為膽小，而這也不一定會造成日後性格發展中的問題。

　　二、屬於相對固定行為模式的膽小。通常是在孩子先天品質的基礎，再加上成長中多次遇到「威脅」刺激，而逐漸形成的一種反射性行為。比如被厲害的小朋友欺負時不能採取適當反應來保護自己；或者就像品文一樣，小時候多次被爸媽「恐嚇」送到警察局。如此「一而再，再而三」地重複，孩子的行為就會出現固定化的「膽小」模式。

親子延伸題

☞父母必須讓孩子深信「即使我做錯了，爸媽仍會接納我」等信念，以建立孩子的自信心。此外，對於孩子的不當行為，父母不應以威脅恐嚇的方式阻止，以免損害孩子的心靈。

　　事實上，後者的情形最需要父母關注。由於孩子最初採取的對應行為多是自然反應，如果不加以干預，就會成為行為習慣，而當往後若出現某種刺激反應時，就有可能泛化到其他情景中。

　　舉例來說，假如一個孩子在外面對其他小朋友「搶自己玩具」的行為聽之任之，那麼在家中也會對前來拜訪的「霸道」小客人一讓再讓。或者從小爸媽就喜歡用「警察」、「大野狼」之類令孩子恐懼的形象來刺激他的話，也會使其產生心理陰影，變得膽小怕事。

　　因此，這也提醒父母在孩子還小時，不要老是用「哄、騙、嚇」的方式來管教他們，也許就是在我們一次次的「恐嚇」裡，埋下孩子膽小性格的種子。

　　既然如此，我們如何在教育子女的過程中，注意自己的言行，

引導孩子朝向勇敢、自信的道路上前進呢？

1. 給孩子溫柔的表情和語氣

日常生活中，應讓孩子感受到父母喜歡他與尊重他，當其態度溫和，孩子也就能感受到父母良好的對待，個性往往也會變得活潑外向、積極熱情，並擁有較高的自信心。此外，父母溫和的行為也會讓孩子產生安全感，增強抵抗恐懼的能力。

2. 給孩子一個榜樣示範

父母應創設一個培養孩子自信的環境，使其在潛移默化中產生信心。平時若遇到問題，可經常對孩子說一些鼓勵的話，比如「你一定行」、「你一定會做得不錯」，藉此鼓舞孩子解決問題的動力。由於孩子的自我價值往往依賴於成人的評價，因此成人對孩子肯定與堅信的態度，將會使其幼小的心靈意識到：「別人能做到的，我也行」。此外，家長在孩子面前應有自信和樂觀的性格，為孩子樹立良好形象，才能創造正向的精神氛圍。

3. 還給孩子自尊

多讚揚、少責備，有助於提高孩子的自尊心。而家長切忌用尖酸刻薄的語言來諷刺孩子；甚至以別家孩子的優勢來比較自家孩子的不足；或者在別人面前懲罰孩子、不予以尊重，將孩子的話當作「耳邊風」等。另外，父母也不應濫施權威，以免損傷孩子的自尊心，使其產生自卑感。

＊給孩子機會，讓他們獲得成功體驗

　　培養孩子自信心的條件是讓孩子不斷地獲得成功體驗，而過多的失敗，往往會使幼兒對自己的能力產生懷疑。因此，老師、家長應根據孩子的發展特點和個體差異，提出適合其水準的任務和要求，確立一個適當的目標，讓孩子在努力的過程中，獲得信心。

　　舉例來說讓孩子跳一跳，使其想辦法將櫃子上的花籃取下，進而在不斷的成功中培養自信。切忌將花籃放得太高，以免不符合孩子的實際能力而連連失敗，使得自信心屢屢受挫。事實上，一個在遊戲中總是做不好的孩子，會因減少信心而不願再去努力。

　　故大人應幫助孩子完成他們想做的事，以抽離打擊信心的惡性漩渦。另外，對於缺乏自信的孩子更要格外關心，應有意地讓他們在家裡或班級擔任一定工作，在完成任務的過程中，壯大其膽量。

「任性」是孩子品格大敵！

予取予求，孩子成任性小皇帝

～教養，學習拒絕的藝術

輕鬆教養談

當孩子吵鬧要求時，父母一時的心軟與無可奈何，將會形成孩子霸道的性格，唯有堅持原則，才能教孩子以「道理」表達需求！

親子Story

　　婉亭的父母因忙於工作，所以平時都會請爺爺奶奶幫忙照顧她。有一天，婉亭上完舞蹈課回家，覺得口渴想喝汽水。可是奶奶翻遍了冰箱都沒有找到飲料，只有半瓶果汁而已，爺爺跟婉亭說：「乖，家裡只有果汁了，我們喝果汁好不好？」

　　「我不要，我不要，我要喝汽水！」婉亭生氣說道。

　　奶奶看孫女不高興了，立刻揚起笑臉，抱著她，柔聲說道：「寶貝乖，不生氣了喔！奶奶幫妳買汽水！」

　　於是，奶奶趕緊跑到樓下的超市，氣喘吁吁地買回來時，婉亭還一臉不高興地說：「奶奶，妳好慢哦！怎麼去這麼久才

回來，我很渴耶！」

　　由於爺爺奶奶因心疼孫女沒人照顧，所以變得相當寵溺她，再加上平時婉亭的爸爸媽媽如果在他們面前管教孩子，他們就會對婉亭的父母生氣，也因此他們就不便與其爭執孩子的教育問題。

　　此外，父母兩人長年在外工作，很少有時間關心孩子，基本上都是爺爺奶奶照顧孩子的飲食起居，所以婉亭變得非常任性，甚至還有點霸道。平時，在學校裡，也經常對同學頤指氣使，還會欺負她的同學妮妮，只要她想用的文具，就會拿妮妮的，要是妮妮不同意，她就會打妮妮。為此，妮妮媽媽來學校找老師反應情況，但即便婉亭後來和別的同學坐在一起，她還是一樣會欺負人。

　　老師多次和她的爸媽溝通類似情形，使得他們開始注意到婉亭的問題。經過深入了解，發現是自己忽略對孩子的關心，再加上爺爺奶奶的溺愛，導致孩子予取予求、任性妄為。

　　後來，爸媽與其爺爺奶奶經過一番討論，決定不再理會她的無理取鬧，並教導孩子用合理的說法來表達需求，以及幫忙爺爺奶奶做事等。雖然一開始，孩子依舊會反抗且惡習難改，但在大家的堅持與鼓勵下，婉亭逐漸卸下任性霸道的面具，取而代之的是體貼可人的真性情。

教孩子要不溺愛且鬆弛有度

　　日常生活中，這樣的「小皇帝」、「小公主」還真不少，現在孩子大多數是獨生子女，往往是四個老人、兩個家長對著一個孩子，為了使其健康快樂地成長，家長們傾其所有，孩子要什麼給什麼，只要孩子高興就好。長期下來，孩子變得養尊處優，目無尊長，游手好閒，沒有責任感，並缺乏與人分享和團結合作的意識。

　　家長們為什麼會對孩子百依百順、有求必應呢？冷靜想想，我發現這全是家庭教育裡，父母補償心態的結果。根據調查顯示，父母若懷著補償心理來教育孩子，便會出現過分溺愛、干涉與保護的情形，這樣培養出來的孩子大多無情、無能及無責任感，若不及時改善，恐會毀掉孩子的一生。

　　我經常聽到家長們表示，自己小時候被忽視、拒絕、懲罰後，內心留下了焦慮、悲傷、恐懼等陰影，所以當自己有了孩子後，只要出現必須拒絕和批評孩子的情況時，自己便會對應到兒時的情景，擔心孩子內心難受而放任他們的錯誤。這種補償心理將使我們對孩子的要求百依百順，對其小錯誤置之容忍，結果便造就出無理取鬧的「小霸王」。

　　因此，建議父母必須杜絕這種想法，應調整好自己的心態，引導孩子懂

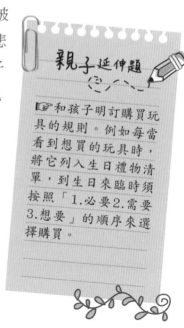

親子延伸題

☞和孩子明訂購買玩具的規則。例如每當看到想買的玩具時，將它列入生日禮物清單，到生日來臨時須按照「1.必要 2.需要 3.想要」的順序來選擇購買。

得與他人分享，並對自己的錯誤負起責任，故以下為其父母教導孩子時須注意的原則：

1.「教」和「養」分清楚

孩子的「隔代教養」已成為現今趨勢，有些孩子因為家長忙於工作，所以由爺爺奶奶、外公外婆來幫忙照顧。但也經常聽到父母因孩子的教育問題與長輩起爭執，而問題大多在於長輩對孩子的偏袒和溺愛上。

由於長輩們的溺愛加重了孩子的虛榮心，因而忽視了孩子的精神品格教育，如求知、好奇、閱讀、關心他人、熱愛自然等。故父母可與長輩針對孩子的教育問題，好好反覆交流與溝通，明確表達自己的合理要求，以達成共識。

2. 人可以分居但親情不能分

父母因感情不睦等因素，毅然決然地離婚，導致現代單親家庭的增加，致使孩子心靈受創。在很多情況下，父母雙方出於愧疚，都會順著孩子的需求，忽略心靈上的滿足，長久下來，便造成了孩子的任性霸道。因此，父母必須讓孩子明白，爸媽即使分開，不能和孩子住一起，也不等於不愛孩子，並且父母要有一種意識，愛不能只是物質上的滿足，心靈精神上的需求更是影響孩子未來的關鍵。

孩子喜歡你這樣教！

＊合理地提供孩子物質條件

有些家長因長年在外工作，很少和孩子相處，進而出現內疚情形。於是，回家時便會帶玩具、服裝和零食等給孩子，藉此求得內心的平衡，其實這是不可取的。生活中，除了適當為孩子添置一些物品外，我們要明白孩子最需要的是感情，即使我們不在孩子身邊，但還是可以經常透過書信、電話、網路等方式進行溝通，和孩子談學習、生活及其他心情點滴；回家後，也可與孩子一起玩遊戲、逛街、散步，或從事他們喜歡的活動，藉此拉近親子距離。

＊教子之道在於鬆弛有度

教育孩子要寬嚴合宜、不苛不縱，例如有些家長在學生時代的成績較差，故當自己的孩子面臨相似問題時，他便會「感同身受」，非但不幫孩子找出原因、解決問題，甚至還會公開「同情」孩子，而受到父母這種負面暗示的孩子，從此更加不把學習當作一回事，進而導致成績越來越差。因此教育孩子時，有時須放下自己的「過往情緒」，對孩子適當的嚴格，才能培養其責任感。

讚賞要發自內心！

胡亂表揚，孩子狂妄自大
〜教養，學習讚賞有度

輕鬆教養談

讚賞是帶給人積極向上的力量，但沒有目的的胡亂表揚，卻會養成孩子狂妄的態度，唯有針對事實表達讚美，才能助長自信的發展！

親子Story

　　剛上幼稚園的佩琪，第一天放學回家後，興奮地指著衣服上的星星告訴媽媽：「老師說我今天表現好，獎勵我的！」

　　「寶貝，妳真棒！媽媽為妳驕傲！」媽媽一把將佩琪抱起，邊親她邊高興地說。

　　上了小學一年級後，在一次的月考當中，佩琪考到全班第二名，爸媽得知後，開心地抱起女兒，在她的小臉頰上左親右親的，而爺爺奶奶也都替她高興，嚷著要買禮物獎勵她。後來每當她有好成績時，爸媽總會說佩琪是個小神童，逢人就誇她聰明能幹。

　　然而有一次，佩琪考試失誤，只考了60分，當她以為回家會被媽媽批評一番時，沒想到媽媽卻柔聲對她說：「妳是最棒的！」

　　時間一久，家人漸漸發現，如果沒有及時給予佩琪表揚或是讚賞無法令她滿意，她就會非常不高興，甚至發脾氣。尤其令家人擔心的是，習慣受到表揚的佩琪，似乎無法接受一點善意的批評。有時候，當她在學習或者是生活中有做不好的地方，媽媽會耐心提醒她，但佩琪卻會擺一出副不以為意的臉。後來聽老師說，她在學校也是如此，明明是自己粗心做錯，老師點名提醒她，她的反應也會異常激烈，有時候甚至會大哭。

　　當然，媽媽在發現孩子的異狀後，便與家人調整了教育模式。雖然過程辛苦，但佩琪終於改掉偏激的個性，變成一個能真心接受他人批評的小女孩！

♥ ‧ ♥ ‧ ♥ ‧ ♥ ‧ ♥ ‧ ♥ ‧ ♥ ‧ ♥ ‧ ♥ ‧ ♥ ‧ ♥ ‧ ♥ ‧ ♥ ‧ ♥

誇大讚美，孩子無法接受批評

　　在佩琪家，總是能夠聽到「妳真棒」、「妳真厲害」這樣的讚美之詞，但卻很少看到家人批評孩子。由於佩琪從小到大，很少聽到對自己的負面評價，認為自己全身上下都是優點，時間一長，便顯得驕傲自滿。假使有人要給她建議，她就會相當生氣，要不就是不理人，要不就是冷冷地一句「要你管」。雖說鼓勵讓佩琪帶來好

成績，但過度的表揚也助長了她的驕傲自滿。

　　如今，隨著家庭教育的穩步推進，賞識教育成為主流的教養方法，但仍有許多父母沒有掌握好尺度，有時對孩子出現的過度表揚，將會帶來以下不良後果：

1. 助長孩子不勞而獲的思想

　　父母過度的表揚，會養成孩子不願努力就得到誇獎的心理。因此，他們遇到挫折就會退縮，儘管只要改變做法就能解決的問題，往往也會因不想努力而選擇放棄。雖說家長們讚揚孩子的初衷是好的，期望表揚可成為鼓舞孩子振作、進步的動力，但若尺度沒有拿捏好，結果往往適得其反。

2. 誤導孩子的價值觀

　　過多的表揚還會讓孩子錯誤地認為自己的言行能夠討父母的歡心。久而久之，孩子不管做什麼事，都不會是因為出於自己想做或喜歡做，而是這麼做的結果能得到爸爸媽媽的表揚。如此一來，孩子便會特別在意他人對自己的看法，進而失去辨別是非的能力。

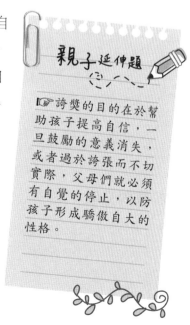

親子延伸題

☞誇獎的目的在於幫助孩子提高自信，一旦鼓勵的意義消失，或者過於誇張而不切實際，父母們就必須有自覺的停止，以防孩子形成驕傲自大的性格。

3. 讓孩子滋生驕傲自滿的情緒

　　過分的表揚很容易引起孩子的驕傲自滿，當孩子一旦驕傲，便很難糾正。

而一些潛質優良的孩子，往往在長大後沒能有所成就，正是源自於其狂妄自大，導致他們無法接受他人意見與批評，進而改善缺失。

4. 表揚不當將增添孩子煩惱

有時過度且不真實的表揚，孩子也能感受得到。當本來不屬於自己的讚賞，落到了自己的身上時，將在無形中對孩子產生很大的壓力，進而形成焦慮，對其成長不利。

由此可知，過與不及的讚賞皆不好，但當父母了解以下的讚賞原則後，便能真正激勵孩子，給予其向上奮進的力量：

1. 實事求是的表揚

孩子為一獨立的個體，雖然他們對這未知的世界還了解不多，但是他們也有真實知道自己狀態的權利。因此，在表揚孩子時，本著尊重事實、實事求是的態度給予讚賞，不僅可增強孩子的自信心，還是孩子對其人格的一種尊重。

例如孩子在學校裡得到模範生，父母切忌誇大其詞，將孩子捧得高高在上，應正常給予讚賞，提醒孩子繼續努力，切勿驕傲自滿。

2. 賞罰分明

對孩子的教育不能一味地表揚而沒有懲罰，在教育孩子的過程中，賞罰分明很重要。獎勵可讓孩子獲得信心，懲罰則可使孩子懂得負責任，唯有獎罰並用，才是教子之道。

　　例如孩子在學校跟其他同學打架了，回家後要嚴厲告訴孩子，用打架來解決問題的方式不對，要注意釐清事件的始末，如果確實錯在自己的孩子，就要對其進行嚴厲的批評，最後與孩子一同討論出解決辦法，作為往後類似事件的處理模式與參考依據。

✱嚴格而不嚴厲

　　對孩子的表揚並不是簡單幾句「你真棒」就好，針對孩子的成長，父母不可隨意以語言或動作來讚賞孩子，而是要在正式、尊重孩子的前提下，對孩子表達賞識，如此才能讓孩子的良好行為有正增強的效果。而這種讚揚在孩子心目不僅有分量，甚至還具影響力，對他們可產生積極且正確的態度。

✱「說」不一定最好

　　對孩子的表揚，方式的選擇相當重要，根據實情性質和場合，可有不同的表達方式。此外，對孩子的獎勵也不一定要靠言語來完成，有時一個微笑、一個擁抱、一則簡訊都是一種正向鼓勵。同時，對孩子的表揚不要過度體現到物質獎勵上，那樣會對孩子產生扭曲的價值觀。除此之外，表揚孩子也要把握好時機，當孩子改進缺點時，要及時表揚；當孩子做事遇到瓶頸時，要及時鼓勵；當孩子成績越來越進步時，要給予獎勵，藉此維持孩子的良好行為。

伸出援手，孩子懂得散播愛心

～教養，學習引導孩子同理心

輕鬆教養談

當父母經常帶著孩子從事公益，並有意無意地幫助他人，孩子自然也能從你的行為中，學習「同理他人，分享愛心」之道！

親子Story

在某次風災過後，全國上下都投入了救災行列。文心媽媽因在研究所修習心理輔導的相關課程，所以以校友身分受母校徵召，投入兒童心靈諮商的志工行列。

每次前往災區，她都會邀請兒子同行。

「你看，他們正需要幫助，我們幫幫他們吧！」她對文心說。

文心媽媽認為，讓孩子具有愛心，絕非只是口頭說說而已。她會盡量製造機會，讓孩子看見、聽見需要幫助的生命，從一隻流浪貓甚至是一位等待協助的老先生、老太太，她都會

讓孩子去幫忙。

有一回，文心從學校回來，大步跑得氣喘吁吁，回到家就把書包扔在沙發上，用塑膠袋裝了一堆菜，便轉頭出去。

「你在做什麼？」媽媽對著已經奪門而出的文心問。

「等一下再說！」他快速地拋下答案。

過了半晌，他拿著袋子回來，劈頭就問：「媽媽妳能騎機車帶我去找一隻狗嗎？」文心央求。

「發生了什麼事？」媽媽反問。

「我每天放學，都會遇到一隻生病的狗，牠身上有皮膚病，肚子總是很餓，平常我都會留一點食物給他，最近我很久沒看到牠了！沒想到剛剛看到牠，牠竟然瘦到只剩下皮包骨，而且一直流口水，全身髒髒的，我想牠生病了，好不容易牠看到我，以為又有東西吃，拼命對我搖尾巴，但是我今天沒有任何食物，心裡好難受喔！所以我趕快回家拿食物準備餵牠。」文心說得既真切又心急。

「媽媽，妳趕快帶我去找牠嘛！」文心站在門口不肯進去，小六的他正處於愛面子的時期，不喜歡做一些同學會取笑的事情，但他為了這隻狗，也不管同學的嘲笑，無論如何就是要去餵牠。

「只有菜沒有營養，家裡剛好有牛肉湯，我們拌一些進去吧！」媽媽提議。

「好！」文心衝進廚房，把剛燉好的牛肉湯倒了一些在袋子裡，再用大一點的回收塑膠碗裝妥。

他們就這麼挨家挨戶地去找那一隻狗，頂著接近傍晚卻仍

然炎熱的太陽，一輛車一輛車地蹲下去找，終於看到那隻生病的狗。

「快，來吃吧！」文心輕聲叫喚。

這隻狗聞到了牛肉的香味，緩步走了出來，牠一邊搖著尾巴，一邊大口吃起來！文心陪牠蹲在路旁，不理會路人的眼光。

後來，文心告訴媽媽，曾經有同學嘲笑他留午餐餵狗，而且是餵癩痢狗。

「那你怎麼回答？」媽媽很好奇，脾氣不好的文心會不會暴跳如雷，揮拳過去。

「我是這樣說的，『你不洗澡也會有皮膚病啊！牠是流浪狗，難道有人會幫牠洗澡嗎？牠有病又不是牠的錯，當流浪狗也不是牠願意的！你有什麼資格說牠？哪一天你要是需要人家幫忙，別人都不會願意幫你的』。」他回應道。

「你為什麼要加上『哪一天你要是需要人家幫忙，別人都不願意幫你』，他又不是狗。」媽媽覺得有些好笑。

「狗和人都一樣，一個對狗沒有愛心的人，對人也不會有愛心啦！所以以後他要是希望人家幫忙，別人也不會幫他的！」文心回答得振振有詞。

媽媽給文心一個親密的擁抱，驕傲地說：「你真善良！」文心也露出了燦爛可愛的笑容。

愛心助人，是孩子的必備品格

　　德國音樂家貝多芬說過：「把美德、善行傳給你的孩子們，而不是留下財富，只有這樣才能帶給他們幸福，這是我的經驗之談。」教育孩子惜福感恩，孩子才會懂得知足、了解自己的幸福；並且懂得珍惜，願意對有困難者伸出援手。教養專家表示，父母必須經常告訴孩子：「你們已經很幸福了，對於那些弱勢者我們應就能力所及之處幫忙！」

　　為人父母者，應幫助子女注意周遭需要幫助的人，如沒落腳處的家庭、憂傷獨居的老人、甚至日常生活必須依靠救濟的人們，應積極讓孩子加入義工行列，徹底落實行動。

　　此外，父母不能以「孩子還小，無法幫忙」或「孩子只需專心讀書」為藉口，減少他們從事公益活動的理由。因為讓孩子擁有一顆柔軟的心，比只知道競爭、毫無憐憫心，更具有價值及成功傾向。例如孟加拉葛拉敏銀行創辦人穆罕默德‧尤努斯（Muhammad Yunus），就是為了「無貧世界」而努力，打造了微額借貸來幫助貧困人民、改善環境，因此獲得了2006年的諾貝爾和平獎。

　　台灣有許多助人的工作單位，父母可找自己認同的組織，如慈濟、法鼓山、紅十字會、國際志工協會，帶著孩子去見習，讓他們學習服務無家可歸的朋友，服務年老、殘障的長輩或是幫他們清理排泄物等。讓孩子們看見自己有能力付出並帶給他們幸福，讓孩子看見那一張張流露感激的臉，藉此學會付出與感恩。

　　許多教育專家都秉持著《三字經》的箴言：「人之初，性本

善。」似乎人從出生開始，便有了悲憫他人的心，這點可從嬰兒的「共哭現象」來觀察。

　　根據研究顯示，當育嬰室裡有一個小嬰兒哭泣時，那些跟著一起哭的小嬰兒在長大後最具同情心，原因在於這些孩子似乎較能感受對方的心情；反之，當別人哭泣卻毫無所感的人，敏銳度與同情心就顯得較不足夠。

　　美國臨床兒科醫生簡‧尼爾森（Jane Nelsen）認為，年幼的孩子還不懂得什麼叫「付出」，什麼叫「分享」，是因為他們心理尚未發展到能明白同情心的意義，但這並非指父母就能不教幼齡孩子何謂「同情心」。例如，當你的孩子打了另一位小朋友，你就可以對他說：「打人，小朋友會疼。」並試著以輕輕摸他，或以較大力量觸及他的肌膚，詢問他的感覺？進一步耐心告訴他正確的觀念與表達自我需求的方法。

　　而指導孩子盡力行善，可從日常生活中能看到的例子為榜樣；意即當別人行善時，提醒孩子注意，如「對面那位阿姨真好，她每一次都將家裡的回收物資分類妥善，再送給慈濟回收！」或「你看鄰居阿姨將街道掃得好乾淨，她是自動自發地幫大家打掃耶！我們應該去幫幫她。」藉由不斷與孩子分享他人的善行，以加深孩子去理解別人的行為，在潛移默化中對行善的觀念進行正增強。

　　若生活周遭無法找到合宜案例，也可藉由書裡的故事來傳遞觀

親子延伸題

☞許多慈善公益團體會舉辦愛心義賣或捐贈活動，鼓勵孩子參與，並請他代為收集捐獻物，交付公益組織，讓孩子試著自己付出，以深刻體會給予的快樂。

念。甚至父母可問問孩子，對於故事裡的流浪小狗會有什麼感覺，或者故事中受到幫助的小女孩幸不幸運等。接著反問他，如果你是受惠者或施予者的角色，其感覺如何？再詢問孩子會做何反應。透過討論，不僅能幫助孩子了解他人的感受，還能建立推己及人，落實善行的概念。

孩子喜歡你這樣教！

✱ 教孩子區別善意的方法

　　有些孩子出於保護自己的心理，不管什麼事情都會表現得很緊張、激動，給人不好相處，甚至比較「壞」的印象。因此，平時可教孩子一些區別事情本質的方法，讓孩子明白哪些是善意，哪些是惡意；並在面對善意時，與人為善；面對惡意時，要懂得保護自己。

✱ 帶孩子觀賞散播愛心的影片

　　父母可帶著孩子一起看有關實踐愛心內容的電影或故事，讓孩子在生動故事的感召下，體會愛心的實踐，在了解其助人的力量後，進而做一個熱心善良的人。

✱ 帶頭為災區捐款

　　每當遇到大災難時，父母應教導孩子「一方有難，八方支援」的道理，使其懷著一顆仁愛之心，做一些力所能及的善事，如此不僅讓受災者得到救助，也讓自己的孩子擁有助人的寶貴體驗。或者，平時遇到有困難的人，應盡量伸出援手，所謂「贈人玫瑰，手有餘香」，讓孩子從你們的善舉中，體會愛心的分享，以累積愛的能量。

放寬孩子的眼界!

目光如豆,孩子只會斤斤計較
～教養,學習寬容與分享

輕鬆教養談

當父母學習寬容他人的錯誤與懂得分享的概念時,孩子自然也會複製你的做法,培養出為他人著想的性格!

親子Story

　　有一天,我與親子教養專家王擎天老師大聊育兒經,他分享了自己一對寶貝兒女的童年故事給我聽。

　　他說有一天,兒子想向女兒借她懷中的熊寶寶,但女兒無論如何都不肯出借,因為她覺得那是屬於她的東西。

　　「爸爸,我不要借他,他會弄壞,你幫他買一個一樣的就好了。」姐姐極力拒絕。

　　「姐姐,以前爸爸各自幫你們買相同的玩具,是因為你們還小,無法理解一人買一份是一種浪費,所以為了讓妳感覺到爸爸是公平的才這樣做。現在妳已經長大了,聽得懂道理了,

要懂得分享，才能獲得更多！我希望妳能夠了解我的用心！」爸爸耐心解釋。

　　「以娃娃來說，你們兩人一人買一種款式，再交換玩，就有兩種玩具可以玩了！如果妳堅持不願意借，以至於爸爸要花錢買同一種玩具，不僅妳少了體驗別種玩具的機會，也是浪費錢的行徑不是嗎？爸爸希望妳借給他，當然也會勸他把玩具借給妳玩，這時你們都得到了玩兩種玩具的機會，這樣不是很好嗎？」爸爸補充道。

　　隨著姐姐的理性思維開始啟蒙，爸爸每一次買玩具，都會堅持要他們選各自喜歡的物品，然後與手足分享，不再像小時候一樣，買玩具都是「一人一份」。

　　「爸爸，我的熊寶寶可以借給他，但是我要借他的汽車！」女兒向爸爸提出要求。

　　「妳可以親自跟弟弟說啊！」爸爸明知道弟弟不肯，但仍故意要考姐姐。

　　「他不肯啊！我剛剛跟他說過了，你幫我跟他說。」姐姐回應。

　　「弟弟，你聽見姐姐說的囉！姐姐覺得你的汽車很好玩，如果你願意和她交換玩一下，將來姐姐有新玩具，她也會和你交換玩，好不好？」爸爸說。

　　「不要，我現在不想玩熊寶寶了，我只想要玩汽車，而且我不要給姐姐玩，我要自己玩。」弟弟很堅持。

　　「好，爸爸同意你，但是你等我一下，我要將這一次的過程寫下來，萬一下一次你要向其他人借東西，你就必須原諒別

人『不肯』借你的行為喔！等我一下，爸爸拿枝筆！」爸爸煞有其事地在紙上寫下：「某年某月某日，姐姐要向弟弟借……」內容還沒寫完，弟弟就後悔了。

「好嘛！那我跟姐姐交換玩好了！」弟弟說。

「所以，你們現在已經能了解每一個人都有自己的最愛，也都有想玩別人玩具的心情，但很肯定的是，爸爸只有一定的額度，你們兩個要學著處理如何與別人分享，並原諒別人不想借給你的心情。」爸爸並沒有對他們生氣，因為他知道孩子必須透過這些學習過程，才能從中了解分享的道理。

分享教育，消除斤斤計較的心態

孩子的發展與理解能力並非一夕養成，父母在施行教育法則時，應針對孩子的年齡做調整，而非毫無彈性。以本單元的建議來說，當孩子還無法了解語言意義與他我概念之分時，購買同樣的物品，是讓孩子感受到父母公平性的主要方法，孩子必須從「物同」感受到「心同」，但當孩子達到可理解的年齡時，父母便必須調整作法，讓孩子學習分享。

兒童發展專家皮亞傑強調：「吾人所學即所行。」孩子所學到的一切，都會成為他日後的行為。簡言之，教會孩子分享，孩子一輩子都會如此對待他人。

　　所謂的分享，必定是指孩子的兄弟姊妹，若有三個孩子，且各自相差兩歲，則在最大孩子滿六、七歲前，建議還是要一人一份，並且應在第三個孩子滿六歲後，就要教會他們分享的概念。因年紀太小的孩子若要強制他學會分享，恐怕在認知上會有障礙，因依照兒童的認知發展概念來說，這時候的孩子，他我概念尚未健全，只能看見事實，而心態無法感受，但他看到的事實就是「大家都有我也要有」，因此當大家都各自有一種玩具時，他並不一定會了解自己有汽車跟姐姐有熊寶寶是「一樣」的，這時再多的解釋也是枉然，因孩子必須到六歲後，才會建立起這種概念。

親子延伸題

☞教孩子從別人的角度來考慮問題。不管什麼時候，父母都可以教孩子設身處地站在對方的處境著想。如此一來，孩子往往會看到更多問題，養成寬容的品格。

　　教孩子懂得分享非常重要，當孩子表現出慷慨的行為時，父母要給予明確的表揚和讚美，如「姐姐很有愛心喔」、「弟弟好棒喔！願意讓哥哥玩直升機呢！」從小以正面的話語，讓孩子了解這些行為的意義和重要性，藉由鼓勵以激發孩子對其行為的認可。

　　此外，平時要多引導孩子體會他人的感受，並輔以反問的方式鼓勵孩子「思考」。例如「哥哥若不願意和你分享蜘蛛人玩具，你會難過嗎」、「如果你不與弟弟分享遙控車，弟弟是不是會很傷心」……。甚至在其他場合，父母也要多鼓勵孩子和其他小朋友分享。大多數的小朋友，一開始都不會主動分享自己的物品，無論對方拿走什麼，孩子都會想辦法搶回來。這時，就要靠父母的機智與

反應，讓孩子願意分享、懂得分享。如當親戚朋友來家裡玩時，父母可以利用反思的方法對孩子說：「你看阿姨帶來的點心，她是拿來與我們分享的喔！她請我們吃點心，我們有什麼可以分享給她們的呢？媽媽這邊有一些茶點可以請他們吃，那你能不能拿些適合的玩具與小表弟一起玩？」藉此鼓勵孩子主動「分享」，讓孩子感受到分享同樂的喜悅。

除此之外，父母不應等客人來時，才對孩子做出類似的訓練，平時就要有意識地創造「分享」的機會。無論是食物、玩具、文具甚至是電視選台時，都要讓孩子意識到凡事必須思考到其他人。久而久之，便能讓孩子養成「同理心」的習慣，自然而然就能杜絕自私的心態了。

「分享教育」若能做好，不僅能避免孩子出現自私情形，更可有效提高孩子的人際關係，培養其樂觀的良好品格，進而擁有快樂人生！

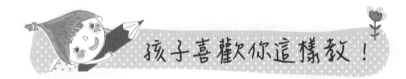

＊拓寬孩子的眼界

眼界寬的人，心胸也廣。因此定期帶孩子出去旅遊，欣賞大自然的壯觀風貌；或者在假期時，讓孩子參加夏令營或報社舉辦的記者團等，透過旅遊、社會團體等活動，拓寬孩子的眼界，開闊孩子的心胸。當然，也不一定要帶孩子遠遊，平時帶孩子出去走走，逛逛公園與商場，也能讓孩子增長知識，開拓眼界。

＊用閱讀浸塑心靈

父母應讓孩子在閱讀中，練就寬廣的胸懷。書籍是最好的老師，讀一本好書就是結交了一個好朋友，我們何不讓孩子多交幾個這樣的好朋友呢？好的書籍可以教導孩子如何與人相處，如何與人為善。很多時候，我們不用太多的言語教育，孩子們就能從書中找到答案。

＊學會包容

教孩子學會與人分享成功。告訴孩子每個人都有優缺點，不能因為某件事就否定或不喜歡一個人，唯有具備寬廣胸懷的人將來才能成大事。

別讓孩子對人放縱情緒！

易怒暴躁，孩子自暴自棄

～教養，學習理性待人

輕鬆教養談

「別把情緒帶入教養」是教育孩子的最高境界，若希望孩子理性地處理問題，自己就要以身作則地在教養中實行！

親子Story

　　有一天，一位學生家長與我分享了一個故事：

　　在某天晚餐過後，她看到她的孩子又跑去上網，因深怕孩子太過沉迷而荒廢學業，所以兩人出現了激烈的爭論！

　　就在親子雙方情緒達到最緊繃之時，兒子小倫不耐煩地說：「媽媽，請妳先等我把話說完。」雖然當下媽媽很想立即反駁，但是理智讓她克服了衝動。

　　接著，她的兒子繼續說道：「雖然我知道妳是為了我好，但是妳有沒有想過，現在時代不一樣了，你們那時沒有電腦，但現在有了，而且上網可以查到很多資料，接收到更多訊息，

所以我不認為只有看書才能學習。媽媽，妳自己說過，讀書不是一切，學到什麼才是重點，而且老師也說過『網路無國界』，所以我經常在網路上看到世界各地的新訊息，也因此慢慢增長見聞。但現在妳說我太沉迷了，這樣不是很矛盾嗎？」小倫看媽媽完全沒有回答，語氣變得柔軟了一些。

　　聽完兒子的想法後，媽媽頗為驚訝，也認為孩子的見解並非完全不對，但一想到要披上「母親」的外衣對兒子訓話，還是忍不住擔心會對孩子產生負面影響。

　　「對不起，我剛剛的態度確實不好，但我真正的想法是希望你能做好時間管理！不過，我不否認你在電腦上學到很多，但是你太過沉迷，會影響健康和課業，所以我認為控制上網時間，是合理的要求！」媽媽說，並且想起自己的教育哲學就是「希望孩子理智，自己要先有理智」。

　　「好啦！妳說的我都懂！媽媽，那妳覺得我剛剛說得有沒有道理？」小倫突然變得有點羞怯。

　　媽媽笑了笑，接著說：「有啦！老實說你說的很有道理！不過，在時間控管方面仍要注意。」說完，媽媽與兒子相視而笑，化解了剛才劍拔弩張的氣氛。

父母必須比孩子更有理性情緒

教育專家表示，孩子的壞脾氣與父母的教育方法及其性格有很大關聯，所謂「身教重於言教」，父母與孩子的相處方式，無形之中也會影響孩子的心理發展。因此，希望孩子有理性，唯一的方法是「你必須比孩子更有理性」。

曾有一位煩惱的母親抱怨：

她有一個小學五年級的女兒，最近和她講話時，態度很不好。有一天女兒放學後遲遲沒有回家，這位母親問她：「妳到哪裡去了？怎麼這麼晚才回來？放學不回家，究竟和誰出去了？」女兒回答：「我和同學一起到小麗家去玩。」

女兒當時說得理直氣壯，令這位母親很生氣，於是便對她發了脾氣：「妳知不知道我有多擔心！以後放學就回家做功課，不要到處去玩！還有，不許妳再和那些亂七八糟的同學出去，妳怎麼就不和成績好的同學一起寫功課，難怪最近成績越來越差……」

這位母親越說越氣，女兒也越聽越生氣，臉色變得相當難看，沒等母親把話說完，就回到自己的房間了。

之後，這位母親又說：「也許我說的話不好聽，語氣也不好，但是我發現她越來越不聽話，我擔心她有許多話不跟我說，將來會發生什麼問題。唉！我真不知道該如何與她溝通！」

後來，我告訴這位母親一個好方法：在她非常生氣、感覺自己情緒將要失控、忍不住要責罵孩子時，不要立即和孩子談話，而是拿出紙筆把自己對女兒的擔心和要求都寫在紙條上，藉此緩衝即將

爆發的情緒。當自己忍不住對孩子使用了一些過於偏激的言辭之後，也可利用小紙條向孩子傳遞自己的愧疚與歉意。經過幾個月的試驗，她發現自己和孩子的距離越來越近，並且孩子也能逐漸體會父母的擔憂與期待！

親子延伸題

☞ 所有的父母都應該謹記一項原則，希望孩子成為理智、傑出的人，父母首先要有理智，隨意放任自己的情緒，孩子將無所適從，並且他們也將利用你的方式來處理事情。

其實，隨著孩子長大、心理逐漸成熟，父母為孩子操心的心情，他們也能感受得到。然而，對於父母整日的嘮叨和叮囑，孩子們會感到厭煩，他們並不想每天清早起來，就聽到父母碎碎唸，這些要求和抱怨會壞了他們一整天的心情，並且父母的「名言」總是反覆出現，站在孩子的立場來看，他們根本不想接受。而許多父母也沒有設想到孩子的反應，看到他們不按照自己的要求做時，就越是加倍嘮叨、抱怨，還不斷責怪孩子「怎麼這麼不聽話」，於是就形成了父母與孩子之間相互埋怨、相互對立的惡性循環。

嘗試理解孩子內心的想法，是父母的重要課題。當孩子逐漸成長，其自我意識也會開始增強，並希望得到父母更多的尊重與信任，而父母不斷的要求和責備，在孩子看來就是對他們不夠尊重和信任的表現。於是，孩子們便會以反抗或假裝不知道等方式，與父母進行對抗。因此，我們必須及時掌握孩子的心理反應，調整教養模式並學習自我成長。

孩子喜歡你這樣教！

＊多鼓勵孩子

意即凡事換個角度來看，如孩子把新買的小汽車「大卸八塊」，那表示孩子有好奇心，喜歡探索，如此一來，心中的怒氣也會瞬間消減一半。所以，我們也可鼓勵孩子以多重角度去處理事情，屆時我們將看到孩子更多的優點，怒氣當然也會消失殆盡。

＊多為孩子的處境考慮

有時候，父母發火是沒有道理的。例如剛上一年級的小朋友，你要他們很安靜地坐著，而且時間長達半個小時，這本來就是違背孩子天性的事情，但我們卻會為此對孩子發火，這根本就是沒替孩子著想。假如我們站在孩子的角度上來看，也許會發現孩子的很多行為是正常的，這時就能減少無故發火的情形。

＊充實教養知識以理解孩子

有些父母對孩子發火，是源於孩子的問題總是那麼「難」，甚至棘手，或是讓父母沒面子，所以往往會利用自己的權威對孩子實行「鎮壓」。然而，當我們累積了足夠的知識和生活經驗後，就能輕鬆應對孩子的各種問題，這時也不會因感到窘迫而對孩子胡亂生氣。

消除孩子多疑性格！

敏感多疑，孩子難以相信他人
～教養，學習關懷談心

輕鬆教養談

人際交往的基礎是由良好的自信及信任為出發點，父母若能經常與孩子溝通並給予關心，孩子將能敞開心胸與他人交遊！

親子Story

　　小雲是個文靜而敏感的女孩，尤其上了幼稚園後，她就變得特別害羞。開學第一天，媽媽把她送到幼稚園後，便去市場買菜，一進家門就發現小雲居然在客廳裡靜靜坐著！媽媽很吃驚，心想這孩子怎麼剛到學校就跑回家了呢？

　　於是蹲下來，逗弄可愛的小女兒說：「小雲乖，怎麼一到幼稚園就回家了？」

　　「幼稚園不好玩，有個男生還欺負我，所以我趁老師不注意就跑回來了！」小雲抱著媽媽委屈地說。但媽媽並沒意識到女兒的異狀，心想這應該是幼兒們的正常行為，便沒當作一回

事。

　　如今，小雲上五年級了，敏感的性格不但沒有改變，還有些變本加厲。上學期期末考試結束後，同學們都在對答案，唯獨小雲站在一旁冷冷看著，她最好的朋友小敏跑過來問：「小雲，妳覺得妳這次數學能考多少分啊？」

　　小雲看著小敏七嘴八舌的模樣，一臉不高興地回道：「管他多少分，又不是我們說了算！」小敏對小雲這種冷淡的態度很生氣，從此以後便很少跟她講話。

　　還有一次，小雲發現爸爸送給自己的鉛筆不見了，便生氣地跑到老師辦公室告狀。隔壁班的劉老師見到小雲，熱情地跟她打招呼，她也不理會，直接走到老師身邊，委屈地說：「老師，我鉛筆不見了，肯定是鄭伯恩拿的！」

　　老師問：「為什麼妳斷定是他拿的呢？」

　　「因為他上次看到我的筆就想借去用，我沒有借他，所以一定是他偷了我的鉛筆！」小雲理直氣壯地說。

　　聽到「偷」這個字，老師立刻沉下臉來，嚴肅地說：「小雲，我提醒妳，沒有真憑實據，不許誣賴別人！這樣的行為我很不欣賞！」

　　正當他們還在討論時，班上的同學進到辦公室，焦急地說：「小雲，這是妳的筆吧？我剛剛在妳的書裡發現它！」

　　聽到同學這麼一說，小雲想起剛才將課本合起來時，鉛筆好像夾在其中。看到自己的筆，再看看老師嚴肅的臉，小雲慚愧地低下了頭。其實，老師很清楚小雲為什麼會這樣，主要是她從小就失去父愛的緣故。

小雲五歲那年，爸爸媽媽離婚了，從此就再也沒有看過爸爸。所以，小雲的性格非常敏感，儘管媽媽對她百般疼愛，至今未嫁，但是隨著年齡的增長，小雲總覺得媽媽一定會改嫁，最後拋棄自己，索性就把自己先封閉起來，不許別人接近，以免心靈再次受創。

孩子敏感多疑，給他多一點溫暖

在現實生活中，孩子敏感多疑的原因有很多種，分析起來主要有以下情形，一是父母平時關愛少；二是遭遇家庭變故或者重大打擊；三是受到同伴攻擊，而產生心理陰影；四是爸爸媽媽過度保護孩子，使其對人處處設防，不給孩子獨立與人相處的機會，導致他們無法正常與人溝通，不懂得人際交往，進而產生敏感多疑的現象。

然而，不管是出於什麼原因，要想消除孩子的敏感性格，就必須用愛來化解。父母首先應了解孩子的心理狀態，平時不光是注意孩子的學習狀況，還要關心孩子的情緒，了解孩子的心態是否積極，因這將直接影響孩子的學習狀況和成績。故當父母發現孩子可能遇到的心理問題時，要立即與孩子進行溝通，幫助他們化解心中困惑。

此外，也可鼓勵孩子交朋友，創造他們人際交往的空間。根據

專家表示，要讓孩子擺脫敏感多疑的情感，可鼓勵孩子多交朋友、多參與人際交往，和老師、同學、朋友們互相溝通，以增進了解，如此一來就能敞開心胸與人交往，進而減少敏感多疑的行為。

最後，父母要了解「溺愛不是愛而是害」的道理！身為父母應給予孩子獨立成長的空間，端正其教育態度，並意識到「溺愛孩子並將其當成溫室裡的花朵，甚至灌輸孩子外界危險的觀念，只會造成孩子敏感多疑」的道理。

因此，父母要給孩子獨立成長的空間，讓孩子親自面對遇到的問題，使其在親身經歷中感受人與人之間的情誼，感受到友誼的珍貴。如此才能讓孩子不怕與人交往，藉此消除戒備心，以敞開胸懷與他人真心相處。

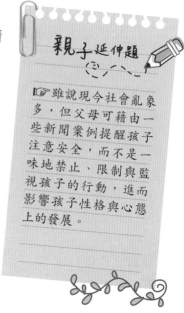

親子延伸題

☞ 雖說現今社會亂象多，但父母可藉由一些新聞案例提醒孩子注意安全，而不是一味地禁止、限制與監視孩子的行動，進而影響孩子性格與心態上的發展。

＊讓孩子處理自己的事

　　父母平時應注意培養孩子堅強的毅力和良好的生活習慣，鼓勵孩子去做力所能及的事，讓他們學會自己照顧自己。當孩子遇到困難時，不要一味包辦處理，而是讓他們自己想辦法解決。當然，父母剛開始應給予必要的指導，使其慢慢學會處理各種問題，而不能一下子就不管孩子，這只會使他更加手足無措，而降低解決問題的效率。

＊信任比多疑可貴

　　在與人交往的過程中，對人要有最起碼的信任感，如果經常患得患失，前怕狼後怕虎，將人性想得如此複雜，孩子必然會多疑猜忌和敏感。當然，讓孩子學習對人建立信任感也不是盲目的行為，必須在對對方有足夠了解的基礎上，才能慢慢與人交往，並逐步對其產生信任感，如此才不至於因盲目信任而受騙上當。

父母並非天生會教，他們是以孩子的特性作調整；
希望孩子是什麼樣的人，就應該「學」著當你所期望中的父母！

PART 4

構建屬於孩子的真實力

還給孩子摸索
的機會！

請給孩子獨立探索的能力
～教養，學習孩子問題不包辦

輕鬆教養談

孩子的成長需要經過不斷摸索才能成為經驗，
並利用經驗內化成屬於自己的能力，唯有放開
雙手，孩子才能飛得更高更遠！

親子Story

　　俊彥望著學校的暑假作業，憂心忡忡地對媽媽說：「怎麼辦？學校要我們選一家餐廳做報告，而且要親自拜訪老闆，並寫出那家店的歷史和特色，怎麼辦？媽媽我不敢去啦！妳幫我去找，幫我問啦！」

　　媽媽放下手邊工作來到兒子面前說：「你是不是不敢去拜訪老闆？」

　　俊彥回答：「對啊！這樣多奇怪，我從來沒有拜訪陌生人的經驗。」

　　媽媽說：「其實小時候我也有類似的經歷喔！當時你外婆

忙著做手工，所以有時會請我幫忙交貨。第一次被找去送貨時，我怎麼都不願意！後來外婆跟我說：『任何事總有第一次，不試試看怎麼知道結果？』接著就教我從哪家開始送，路線才會順；又跟我說看到人時，要如何與他應對……等細節。」

俊彥趕緊問：「然後呢？」

媽媽微笑繼續說：「結果我到第一戶人家時，當然還是很緊張。不過，我還是鼓起勇氣向人問好，並說明來意。結果對方知道我是一個人來，便稱讚我好懂事，頓時我才覺得這其實不難。接下來的第二家、第三家……我的表現越來越自然，最後還能跟他們侃侃而談！所以，現在我把外婆送我的這句話送給你──任何事總有第一次，試試看！」

接著，俊彥站了起來，以堅定的眼神說：「媽媽，我會和妳一樣勇敢，我自己去試試看。」

後來，俊彥先擬定幾個問餐廳老闆的問題，並在媽媽面前練習。媽媽一邊給他建議，一邊適時給予讚美。在演練幾遍後，俊彥先前的緊張感已慢慢消失，取而代之的是無比的自信。

開啟孩子的行動力與執行力

每位孩子的性格皆不相同，敏感者對於學習上的挫折感受較為

深刻，此時父母必須鼓勵與接納孩子，以積極的眼光來看待。假設常以「別人都不怕，你怕什麼？」、「失敗有什麼關係，你太彆扭了！」等話語與孩子溝通，將會造成他們信心低落，對學習與人際相處上恐會造成負面影響。

　　孩子因個性不同，需要引導的角度與深度也有所差異，此時若能「因材施教」，以同理心鼓勵孩子嘗試探索，不但可使孩子產生「做得到」的自我暗示；在享受成功滋味的同時，亦能建立良好的自信心。

　　蘇聯名人馬卡連柯曾說：「培養人，就是培養他對前途的希望。」什麼才是對前途的希望呢？那就是相信自己可以勝任任何事，因此父母必須將孩子的行為習慣、思考模式變成潛意識的力量，才能真正產生自我肯定，有效提升孩子自我認知的心靈層次。潛意識的能量，簡言之就是潛能，每個人的潛能都無可限量，父母必須肯定與挖掘孩子的內在天賦，才能進一步鼓勵孩子們找到自我價值。

　　國外教育專家甚至對此提出五種激發孩子潛能的方式，以供父母借鑑：

親子延伸題

☞平時父母和孩子的相處要多使用「肯定句」，以認同和讚賞來鼓勵孩子行動；並以「問句」引導出孩子的探索興趣，而不是只會「教導」孩子「該怎麼做」的父母。

1. 具備天才信念

　　即便孩子表現平平，也不可抱怨孩子一無是處，或與他人進行比較，必須堅信每位孩子都有潛在的能力亟待開發。

2. 以賞識的眼光對待孩子

在日常生活中，必須時常留意孩子的行為舉止、觀察孩子與他人玩耍、交談、閱讀時等情況，記下他優秀的一面與性格傾向，進而給予他正確的引導。

3.創造機會

賞識不是停留在口頭上的讚美，而是一種確實的行動，父母應多給予孩子發揮才智的機會。例如家人慶生，可鼓勵孩子表演節目；每週利用一個晚上，輪流朗誦短文並發表心得等。此外，隨時找機會讓孩子協助你洗碗、掃地……等家事，以從成功體驗中培養他們的自信。

4. 耐心等待

賞識就是一種寬容，既然給予孩子機會發揮潛力，就需要耐心等待。由於孩子必須從摸索中培養經驗，故這段過程勢必需要一段時間，父母切勿操之過急或給予批評，以免孩子因放棄而使天資睡著了。

5. 給予鼓勵

當孩子獲得良好成績或嘗試新事物時，父母應給予讚賞和鼓勵，使孩子從成功體驗與努力過程中累積信心，進而達到自我認同。

　　在期望孩子肯定自我價值的時候，也不能離開社會的集體價值，因其兩者是相輔相成且相互提升。簡言之，過多不切實際的肯定，不僅不會有正向影響，還會讓孩子產生驕傲心態，進而忽略社會本是一個群體，長期下來將影響其人際關係與他人的相處模式。

　　學習如此，人際關係亦同。在安全環境的前提下，應鼓勵孩子接近陌生的成人或小朋友，學習與他人相處的技巧，以培養他洞察世事的能力。

　　隨著時代的演進與少子化的趨勢，許多孩子因缺乏人際互動、團體生活而出現待人接物的問題，若父母沒有加以指導，他們將無法易地而處，甚至在群體中受到排擠，但卻依然特立獨行、我行我素而不知反省改進。因此，積極鼓勵孩子與各個年齡層的人交往，是建立孩子人際關係最重要的一環。

＊生活事務盡量交給孩子自己完成

平時在家，盡量交辦一些孩子力所能及的事情去完成。例如從小就訓練孩子自己洗臉、刷牙、洗澡、折棉被、洗衣服等，從生活細節中訓練孩子獨立自主的能力。除此之外，也可請孩子買報紙、牛奶，或者送名產給鄰居……等，雖說這看似將自己變成了「懶父母」；但實際上，是有意地創造孩子自行做事與生活的機會，對其獨立自主的培養大有裨益！

＊鼓勵孩子參加集體生活

小學階段的孩子由於年齡較小，除了個別寄宿制的學校外，絕大多數都是住在家裡，很少有參加集體生活的機會。因此，諸如軍訓、夏令營這種團體活動，可鼓勵孩子多多參與。此外，讓孩子在參加這些團體活動中，可訓練孩子與人交際、互助合作的能力。假使沒有時間參加活動，週末時可請孩子去找同齡小朋友玩，使其從中學會互助、體諒，進而增長社交能力。

請給孩子時間管理的能力
～教養，學習不做替手

父母應制定家中的時間原則，例如幾點吃飯、幾點寫作業，規定孩子在時間內完成，藉此訓練時間觀念！

輕鬆教養談

親子Story

　　永明是一個馬虎的孩子，一直到了國小三年級，都無法將隔天該帶的物品準備好，總是到了學校後才打電話請媽媽送來。「媽媽，我的社會作業沒帶，老師說要打0分了！妳快幫我送來！」、「媽媽，拜託妳啦！我沒有交美術作業的話，老師一定會打手心的！」諸如此類的求助已出現很多次。

　　後來，永明媽媽在某一次的講座中，向我提出這個問題，我認為永明的原因是出在沒有時間觀念，因此便請媽媽協助孩子在時間內完成任務，達成後給予孩子讚美，沒完成就讓孩子自行承擔後果。過了一陣子，當永明媽媽再次參加講座時，她

告訴我孩子已經改掉馬虎的個性，並且還能有效安排時間！

　　我問她做法，她是這麼回答的：

　　那天回去，我跟孩子說：「明天請你六點半起床，七點吃早餐，七點半準備出門上課，如果你因為賴床而延遲進度，那你必需承擔後果。」

　　我以為當時永明聽進去了，但其實並不是這麼一回事，因為他隔天賴床到七點才起床，而他吃完早餐已經快八點了，以往如果是這個時間，我會因為不想讓他遲到而開車載他上學。但那天我並沒有這麼做，我請兒子自行走去學校。

　　孩子聽到我這麼說，驚訝大喊：「媽！我都要遲到了，載我去嘛！下次我不會睡過頭。」

　　我依舊維持從容的態度說：「昨天我已經跟你說了，如果你因為賴床而延遲進度要自己負責，所以你還是自己去吧！」

　　永明不放棄，一直纏著我載他去，我跟他說：「你要自己承擔結果，我昨天已經說得很明白！」

　　永明看到我心意已決，只好無奈地拿著書包衝出家門。那天放學，我問他：「今天有遲到嗎？」

　　只見永明不高興地點點頭，還說：「都是妳不載我去，害我被老師罰站！」

　　對於孩子的指控，我並沒有生氣，微笑地說：「我知道你被懲罰不高興，但我只是想讓你知道，你必須對你自己的行為負責！就像你在學校考試，如果你考卷沒在時間內寫完，可以請老師幫你延長時間嗎？那其他學生會做何感想！所以，我們做任何事都要有時間觀念，並懂得安排進度，這樣事情才能做

得又快又有效率！」

　　永明聽完點點頭，知道了我的用意。隔天早上，孩子在時間內完成了所有任務，我及時稱讚他「做得好」，他也開心地對我說：「媽媽，我很棒吧！」

　　之後的日子，永明不僅沒再遲到，甚至已經進步到在七點二十分之前就已經吃完早餐，並還有多餘的時間檢查書包呢！

· ♥ · · ♥ · · ♥ · · ♥ · · ♥ · · ♥ · · ♥ · · ♥ · · ♥ · · ♥ ·

不做替手，讓孩子學習承擔後果

　　教養孩子的基本能力裡，安排時間與工作是首要條件，應讓孩子習慣於什麼時間做什麼事情，培養他們良好的自理習慣。

　　然而，孩子良好習慣的養成，不能只靠他們獨立完成，一定要由父母親身陪同與指導。例如收拾書包、整理物品、桌子、書房、臥室等，其本質都是相同的，但必須先有時間上的觀念，再來求內容上的精細，例如要求孩子五點寫功課、六點半吃飯等。

　　做事如此，讀書當然也是如此，學習才藝也可用相同的方法，讓孩子以時間作為養成習慣的基礎；當孩子做到時，要給予明確的讚美，如「你將東西都準備好了！真棒」、「你將書房都整理好了！真乖」、「你準時練完鋼琴啦！很值得鼓勵喔」等語句，以增強孩子的自信心，使其越趨進步。

　　許多父母要有一個觀念，自己天天提醒孩子要做什麼，但孩子

總是忘記的原因，在於父母沒有把責任交給孩子，所以讓孩子無法變得主動。因此，讓孩子的心中先有一張「時間表」，並且「時間表」的建立者與管理者都是自己，他們才會負起責任來完成所有事情。這個時間表不完全是以「時間」為單位，有時也可用「原則」為基準。如「寫完功課，利用五分鐘整理好書包」、「睡前，一定要花五分鐘檢查明天要帶的東西」等。

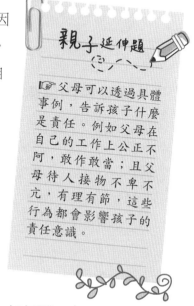

親子延伸題

☞父母可以透過具體事例，告訴孩子什麼是責任。例如父母在自己的工作上公正不阿，敢作敢當；且父母待人接物不卑不亢，有理有節，這些行為都會影響孩子的責任意識。

　　故教導孩子培養良好的習慣，應先由時間管理開始，以養成良好的生活態度。初期，可僅以大範圍的時間為基礎。如每週一上午練習鋼琴，每週三晚上練習英文，這是學習上的時間安排；如果是家事的安排，一樣可以訂下「週一晚間由妳洗碗」、「週六早上由你掃地」等要求。一般來說，孩子在學齡前，父母就要陪他一起擬定基本的時間規劃表，此後再一一加強細節，將生活上的大小事情漸漸置入，小至每天要整理的物品，大至一個月內要完成的工作，這些都可放在「時間表」中。

　　然而，孩子有時難免會粗心大意，甚至是「刻意的」粗心，此時父母需以溫和堅定的語氣提醒，否則將會前功盡棄。實施一年後，當孩子已經養成習慣，才可漸漸放手，讓孩子擬定計畫，並督促自己執行，以培養獨立的人格與責任心。

✱ 把孩子的事務交還給他們

　　生活中，屬於孩子的一些事務，要學會放手，交還給孩子。例如孩子的學習用品自己管理，父母只要提醒孩子整理即可，假使孩子的用品不見，就請他們找到為止，並讓孩子承擔失去此物所帶來的不便。此外，房間的整潔，床鋪的整理，都交給孩子自己完成，藉此教導孩子學會自己的事情自己負責。

✱ 讓孩子學著做家事

　　培養孩子的責任意識，可從家事做起。孩子每週在學校值日，在家裡也可安排孩子每週當一天值日生。例如家裡的地板髒了，如果孩子有空，可請他清掃；假日則可請孩子到社區超市買醬油、食鹽等生活用品。只有當孩子真正參與了家庭生活，他才會明白自己是家庭中的一員，進而產生不可推卸的責任感。

✱ 多和孩子進行思想、情感的交流

　　平時，家長要充分相信孩子，在適當的時候向他傾訴某些成人社會的煩惱和困惑，使其學會關心和理解父母，並願意分擔憂愁。而父母也應表揚孩子這種懂事的行為，如此將有助於激發孩子的責任感。

請給孩子承擔責任的能力
～教養，學習讓孩子自理

責任感的建立須從小培養，當孩子開始說「我要」時，正代表自主能力的啟蒙，也是責任承擔的開始！

教養專家王擎天老師曾說：「放假時，我會讓自己『懶』一點，授權孩子來規劃或決定一些事情。例如午、晚餐或是當天的活動行程。」

他說某個假日，還是小學生的姊弟倆拉著他問道：「我們可以負責今天的午餐和決定今天的活動嗎？」

當時，他略加思考一下，告訴孩子：「預算只有一千元，姐姐負責午餐，弟弟想活動，但是我們要事先規劃好，超支算你們的喔！」話一說完，孩子們一哄而散，認真規劃起自己所負責的事項，過程中，兩人會事先商量要花多少錢，以免透

支，有些時候孩子們還會聯合起來「算計他」。

「我們今天到游泳池游泳，早餐吃吐司夾蛋，我會做，所以不用花錢，而游泳票券還有剩，所以也不能算在一千元內。中午，我們在游泳池附近買便當，游到下午兩點，就去逛大賣場和書局！六點，我們再去夜市吃牛排！」兩個人一搭一唱地說完計畫。

「可是衣服沒有洗，家裡也還沒整理啊！」王老師提出了異議。

他的兒子立刻笑著說：「我們可以十點半出門啊！現在是八點五十分，我先把衣服放進洗衣機裡，然後我和姐姐一人負責整理一層樓，爸爸負責整理廚房，最後全部整理完再晒衣服，差不多十點半。這樣好嗎？」

由此可知，讓孩子學習負責規劃一天的行程或是某一段時間的計畫，便是培養孩子負責與提升思考周密度的最佳辦法，而孩子也非常喜歡這樣的任務。因此只要有任何可以表現的機會，他們都會盡力完成！

爸媽懶一點，孩子能力大無限

在授權孩子企劃與執行的過程中，父母需要結合其他有效方式以對孩子進行積極引導，讓他們能充分規劃一天的行程或活動。並

且，當孩子表達自己的想法時，父母一定要認真配合孩子的計畫，盡可能正確且肯定孩子所策畫的內容。

有時孩子因為知識經驗不足或理解能力不佳等狀況，導致某些活動無法進行時，父母必須協助孩子認清現狀與難度，以改善孩子的計畫與想法。但切勿潑孩子冷水，而是以讚賞的方式幫孩子修正，甚至對孩子的話表示認同與接納，如「你的想法很好，能符合大家的需求」、「你的安排，會讓你有更完整的學習」等，在這種情況下，孩子也會更願意調整自己的計畫，使其負責的活動更符合期待。

作為父母，應當關心孩子成長過程中的問題，並且相信孩子的能力，允許他們獨立安排活動，甚至也可給予孩子一些問題、責任，讓孩子自行解決。在趣味愉快的氣氛下，藉由學習多元的成長議題，使孩子從中習得經驗並成長。例如人本教育基金會所舉辦的寒暑假活動營便是以幫助孩子獨立思考、自行計畫與增進團體合作為宗旨，給予孩子「問題」讓他們自由發揮，如在築巢營（搭建房子）裡，孩子們可經過討論後畫出房子草圖，安排施工進度，讓他們從頭到尾負責「整個過程」，以此訓練他們獨立思考、安排計畫的能力。

此外，當父母希望孩子更改計畫時，不僅要注意措辭，說話的語氣也務必柔和。事實上，這比嚴厲的責備

親子延伸題

☞當孩子願意表達自己內心的想法時，父母一定要靜心傾聽，並盡可能地理解孩子所說的內容。

☞授權孩子安排計畫，不僅能活絡其思考能力，還能增進親子關係。

更能贏得孩子的信任和敬愛。若將「我有些累，實在沒有體力去遊樂場，可不可以換個計畫，謝謝囉」與「你們只想到自己，知不知道我很辛苦，還要我陪你們去遊樂場，太自私了吧」這兩句話相比，雖然同樣是請孩子更換計畫，但給人的感受卻是天差地遠。

因此，父母在表達意見時，要特別注意自己的非語言動作，如表情、神態及肢體語言等。假如父母臉色陰沉地對孩子說：「我覺得這個計畫很糟糕，根本沒有考慮到路程……」孩子馬上就會感受到非常負面的訊息──媽媽（爸爸）根本不相信我有這個能力安排計畫。所以，當父母要反對孩子的意見前，請先將準備對孩子說的話在心裡說一遍，若用字遣詞連自己「聽起來」都覺得不舒服時，就需要換個方式表達，並且帶著微笑與孩子進行溝通。

孩子喜歡你這樣教！

＊做個體貼孩子的父母

　　要想成為孩子心中「善解人意的父母」，那麼在與孩子溝通過程中，首先要贏得孩子的信任與合作，讓孩子願意和你進行真誠的談話。如果只是一味站在自己的立場上去評價和指責孩子，會使他們在潛意識中產生自衛、防範的心理，將你拒之於門外。如此一來，希望孩子再次接受你，便必須花費更多的時間來修補裂痕。

＊幫助孩子釐清想法

　　孩子因為知識經驗或理解能力不足等原因，會以不適當的語言來表達自己內心的情緒和想法，這時父母一定要幫助孩子認清自己的說法是否正確，並透過簡單而到位的語言，協助孩子總結他們的真正想法。

＊建立親子默契

　　「初授權」的父母與「初被授權」的孩子，彼此應建立起良好的默契與信任，並且父母應以堅定的眼神回應孩子的擔心，使其相信自己有能力完成。

請給孩子自立力行的能力

～教養，學習少點提醒

輕鬆教養談

父母經常在旁提醒，容易削弱孩子的積極心態，進而依賴父母；因此，讓孩子多點力行的機會，才能培養他們獨立處事的能力！

親子Story

　　鎮源的數學老師為了提升大家的成績，在班上規劃了「小老師制」，而鎮源被分配為隔壁同學博文的「小老師」。剛開始，鎮源每天回家都會高興地向爸媽報告自己的「教學成果」。可是一段時間下來，鎮源回家都變成在跟媽媽「抱怨」了。

　　有一天晚餐，鎮源邊吃飯，邊抱怨道：「博文真是太過分了，今天上課的題目又全部是我教他，他都不願意主動去想每道題目。」

　　媽媽聽了鎮源的話，笑了笑，安慰道：「兒子，你是小老

師，要有耐心喔！」

「可是，他老是這樣依賴我，要是有一天我不教他了，他不是什麼都不會！」

媽媽很驚訝鎮源會說出這樣的話，她開始回想兒子上幼稚園時，自己就是在當孩子的「拐杖」！還記得那時，她擔心鎮源什麼都不會，所以事必躬親，例如哄鎮源吃飯睡覺、作業全包等。雖說在她的「呵護照顧」下，順利度過了幼稚園的時光，但到了小學，媽媽卻發現兒子的自理能力很差。

九歲的他，每天起床還要三催四請；晚上睡覺要是不提醒他，就會一直憋著尿。在某一次的懇親會，老師還跟媽媽說鎮源的自理能力不好。回家後，她反思了自己的做法，決定不再讓鎮源依賴父母，並要鍛鍊孩子的打理習慣，後來許多事情她都試著讓孩子去做。漸漸地，鎮源已經會做好自己分內的事，並也懂得協助父母做家務了。

心靈可以依靠，但不要成替手

相信父母們常常遇到這種情形：早晨，父母起床後，叫孩子起床，等到早餐做好了，孩子還沒有起床，於是父母就開始哄孩子起床，經過三催四請後，孩子才願意起來。接著媽媽幫孩子穿衣、洗臉、吃早餐、整理書包，然後送孩子上學，見到孩子進了校門，懸

著的心才稍微放下一點。就在這種日復一日的生活中，孩子們變得越發依賴父母，久而久之，便養成了眼高手低的壞習慣。這時父母卻為此埋怨孩子不夠自立，但追根究柢都是父母的寵溺包辦而成。

義大利教育家蒙特梭利（Maria Montessori）每次在演講時，總會提到「Help me to do by myself.」（請讓我自己做。）父母對孩子百般呵護，什麼事都幫他們完成，雖然看似父母的愛心，實際上卻抹煞孩子自我成長的機會。所以，幫助孩子獨立也是大人對小孩的

親子延伸題

☞平時我們要充分相信孩子並鼓勵他們「你行」、「你能自己作出選擇」、「我相信你能辦好」之類的話，這無疑是支持孩子多去嘗試，幫助他們逐步邁向獨立、自主的目標。

一種態度，即「放手，請讓孩子自己做」！儘管孩子年幼，動作很慢，有時甚至可笑，但這是一項神聖的工作，讓他幫忙做事、勞動，代表孩子正在學習重要的生活技能。

正所謂「財富要靠勞動才能創造」，培養孩子喜愛勞動與熱衷學習是一樣重要的。現今社會不需要光說不做的人，如果一個人連最基本的食衣住行都不能完善解決，那他們又怎麼有能力去完成更多、更有效率的事呢？現今社會常常提到素質教育，換句話說，就是父母應扭轉只要求孩子獲得良好學習成績的教育觀念，而是透過德、智、體、群、美等各方面來檢視個人的綜合能力，並培養他們全方位的均衡發展。

適當安排孩子做一些家事，如幫忙掃地、整理房間、出外跑腿買東西等，都有利於孩子的成長。然而，孩子是否真的像父母說的

那麼懶散？追根究柢，會出現這樣的情況，有時候是父母只看到孩子的不足，卻忽視了這些缺陷正是由父母催生的。

　　因此，當發現孩子自理能力不足時，父母千萬不可把所有責任都推卸掉，因為這很有可能是你曾經堅決拒絕過他們的幫助，並非他們不想分擔。也或者，父母並沒有認真指導孩子如何學會自立。

　　有些父母看似給予孩子足夠的空間，其實是放任他們不管，在孩子獨立做事的過程中缺乏指導，因而難以培養其自理能力。甚至有一些父母，只注重孩子身體力行，而忽視關注其心理自立，因此很少和孩子溝通交流，關注其情緒變化，導致孩子心理承受力不斷下降，影響其性格發展。所以，培養孩子的自理能力，除了外部行為的打理外，內在心靈的自立亦更加重要。

＊還孩子獨立自主的經歷

　　在生活中，父母要學會放手讓孩子獨立去嘗試一些安全、力所能及的事情。同時在生活中，還要培養孩子獨立自主的習慣，但卻並非對孩子完全性的放任，意即當孩子正進行「重大」決定時，父母可幫助孩子收集資料，進行分析評估，甚至父母也可和他一起討論問題，找出各種選項的利弊，以幫助孩子做出最好選擇。例如一年級的小學生要不要自己洗碗？不少家長拿不定主意，總是擔心孩子會不小心摔破碗。但是有一位家長卻特地為孩子準備了一個小凳子，對孩子說：「我知道你特別愛做家事，雖然想自己洗碗，但因為水龍頭太高，你搆不到，所以媽媽幫你準備了個小凳子。」這時孩子興奮地感謝媽媽後，就立刻站到小凳子上，高興地學著洗碗了。由此可知，孩子是喜歡嘗試自己做事的，唯有父母給予他們經歷的機會，孩子才能建構更多的生活經驗。

＊作為孩子獨立自主的榜樣

　　如果你自己是一個處處依賴他人、拿不定主意者，那就不要指望你的孩子能獨立有主見。因為你的一舉一動都是孩子模仿和學習的榜樣，所以要求孩子前請先改變自己，以作為孩子學習獨立自主的良好典範。

給孩子做家事
的體驗！

請給孩子勤奮主動的能力
～教養，學習讓孩子做家事

輕鬆教養談

希望孩子勤奮積極、主動做事，就要適當給予
孩子做家事的體驗，無論孩子是否進行順利，
都必須肯定他「幫忙」的心意！

親子Story

　　立全媽媽要求孩子必須負擔部分家事，不論孩子今年是國三還是小一，面臨基測問題還是沒有做家事的經驗，皆無例外。當他們還小時，媽媽就訓練孩子拿起掃把、抹布、畚箕，以為家事盡一己之力。

　　一天，立全特地打了通電話給正在上班的媽媽：「媽媽，我今天打掃了庭院，把水槽裡的碗洗乾淨了！」

　　「……還有，我剛剛洗完衣服也晒好衣服了，雖然弟弟把衣服收起來，但是還沒有分類，我叫他快一點做，他都不聽啦！」這時立全隔空抱怨起來。

　　「你晒好衣服啦！做得很好喔！那你請弟弟過來聽電話。」媽媽稱讚道。

　　弟弟接過電話後，媽媽先讚美他：「你昨天把庭院掃得很乾淨呢！」

　　「對啊！哥哥怕掃狗大便，也不敢沖牠的尿，都是我在做耶！」弟弟說道。

　　「很棒！不過該你負責的事還是要做確實，既然衣服都收下來，就不要堆在小床上，要分類收好。」媽媽說。

　　「好啦！我等一下去做就是了！」弟弟雖然口氣不好，但是媽媽很清楚他會照做，所以也就沒再多說什麼。

　　由於媽媽堅持讓孩子負責自己分內的事，例如哥哥忘記或不願意洗衣服，那麼媽媽會保持髒衣服的原狀，直到孩子發現上學沒制服可穿，才會知道這是自己的責任，因此不必他人催促就能自動自發地做事。

培養孩子「什麼都會」的主動力

　　在國外團體治療的研究中，曾出現這麼一項情形：

　　「一位母親長久以來認為自己的孩子『什麼也不會』，導致孩子心理產生自卑感，難以自立。之後，醫師建議這位母親以鼓勵的方式，放手讓孩子去做，並盡量不要有過多的干涉，讓孩子學習獨

立完成一件事。有一天，家裡來了客人，由於大家誰也沒時間出去買點心招呼客人，因此母親只好寫了紙條給他，讓他按照指示添購，結果他很順利地完成任務。這時，母親順勢誇獎他：『做得很好！』後來，母親依循此種模式讓孩子幫忙家務，並在完成後給予讚賞，孩子也因此找到自我存在的價值，還激發出他的上進心。」事實上，從心理學來說，讓孩子參與家事，對他們的成長大有助益。意即孩子在家中擔當一定角色，可經由做家事的成果，獲得大人的賞識，並找到自我價值的契機。

　　教養專家一再強調，孩子必須從小讓他做一些力所能及的事情，例如清洗自己的杯子、小手帕。並且從小學一年級開始，就要分擔家事，訓練孩子將其作為責任而不是練習。當孩子的責任越多，對自己的管理也就會進行調整。切記不可讓孩子以為讀書就是一切，以功課寫不完為藉口來逃避家事，務必讓孩子知道生活不只是讀書，越早訓練孩子看見真實的世界，對社會的貢獻也就越大。

　　研究指出，訓練孩子做家事的年紀，應在孩子八歲時最好，即便他已超過年齡，也都要盡快開始。初期，先以孩子能接受的理由，給予一個他此刻能勝任卻不一定做得好的工作。舉例來說，飯後洗碗是最容易執行的，在給予孩子任務的同時，父母必須先說明這項工作以後是他的責任，沒有任何但書。當然，剛開始的分量不要過多，家中若有兩個孩子，一週各自分配兩天是合理的，六、日就由父母代勞。孩子在執行的第一、二週，可給予提醒，甚至對碗盤上殘留些許髒汙也要有所通融。第三週開始，就不要再提醒他，若是直到睡前，孩子都沒有完成，就請他完成後再睡覺，以培養其責任心。若是作業太多而無法完成，父母仍應請他先洗碗再繼續寫

作業，以防孩子將其作為藉口來推托家事。

當養成做第一份家事的習慣之後，應適度加上第二份家事，這種累加通常要以年齡作為基準。若是十二歲以下的孩子，建議以一年為基礎，一年後再加上第二項家事；十二歲以上的孩子，則改成半年賦予一項新家事，而國中一年級到三年級，負擔三件家事則最為理想。

親子延伸題

☞教養孩子沒有公式，隨著孩子個性、環境、生活模式的不同，方法將隨之調整。若孩子是急性子，在生活中就該訓練他降低做事的速度；若是慢郎中，就必須以條理式的方法教他簡化做事。

然而，家事中有哪些是可以交給孩子的呢？通常是以環境清潔、洗衣服、倒垃圾、洗碗、擦桌椅、折衣服等居多。父母應鼓勵孩子，甚至要求孩子盡其所能地去幫忙。年紀小的孩子可幫忙擺放杯子，稍長者可放盤子和湯匙，再更大一點者則可進行清潔等事宜，逐一加量、增廣。讓孩子培養生活責任的觀念，使其儘早學會負責。

關於幫忙家務的堅持，是許多父母的迷思。他們總認為，孩子無法顧好學業，又怎麼要求他們空出時間幫忙家事呢？事實上，吃飯是必要的，清洗餐具就成為理所當然，因為生活模式本是如此，孩子不會因為洗了碗，成績就一落千丈。由人本教育基金會創立的森林小學，就相當重視孩子自我生活的打理，舉凡自己洗碗、整理行李、維護環境整潔等，都是孩子們的責任。對應到家庭裡，孩子在這種模式的長期訓練下，反而能讓他了解到責任是必然的，即便課業多麼繁重，輪到他做家事時，孩子不僅不會找藉口，還會趕緊完成功課，以承接自己的後續任務，培養積極正確的責任心。

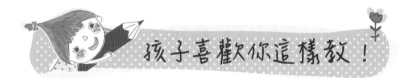

＊教孩子從心理上脫離父母

　　孩子在初學一項技能或者接觸一項事務時，由於沒有經驗，都會表現出緊張的模樣，如此將會影響孩子學習和訓練的效果。所以，當孩子學習時，要及時協助孩子心理上的輔導。一旦心理品質提高，孩子所能承受的壓力就會增強，故依賴父母的機會則會減少。

＊給孩子及時的指導方法

　　孩子出現懶惰的情形，常是因父母過多干涉所致。當一個人剛接觸一件事時，由於陌生、經驗不足、方法掌握不正確，難免會需要別人的指導。這時，父母應趕緊讓孩子快速掌握做事的技巧和方法，進而增強信心、學會做事、願意做事，以杜絕懶惰心態。

＊及時鼓勵造就勤快孩子

　　如果孩子平時就主動積極做事，如幫忙家長打掃，主動收拾房間、寫作業等，父母應及時給予鼓勵和表揚，對孩子說「寶貝，你真能幹」、「兒子，你這麼勤快，一定會成功的」這類話來激勵他，進而振奮孩子的精神，變得能幹又勤快！

請給孩子完成任務的能力
～教養，學習少點憐憫

父母應關注孩子的成長發展，而不是對孩子的失敗產生憐憫；放手讓孩子完成任務，無論成敗皆要肯定他盡力一試的勇氣！

　　亮岑被老師選上代表班級參加演講比賽，但現場緊張的氣氛讓她表現失常，非但沒有入選前三名，還在台上發愣。亮岑回家後，強忍住的淚水無法隱藏，便開始嚎啕大哭起來。

　　聽到哭聲的媽媽，連忙放下剛挑好的青菜，急急忙忙來到亮岑身邊。哭花臉的亮岑說：「真是丟臉死了啦！我再也不要去學校上學了……現在全校都知道我在演講比賽時，在台上呆站……我沒有臉見人了啦！」

　　媽媽輕拍亮岑肩膀，安慰道：「這樣啊！我能了解妳尷尬的心情，可是妳很勇敢地站在台上，這一點可能連其他人都很

難做到，說不定有些人連上台都不敢呢！」

「這有什麼勇敢，我臨時想不起來嘛！我明明背得很熟，為什麼會這樣？」亮岑真想大叫幾聲，因為她被自己氣壞了。

「可是我覺得妳很棒啊！面對這樣的狀況，妳還能冷靜地站在台上，既沒有跑下台也沒有當場哭出來，真勇敢。妳很了不起，還是值得鼓勵！其實挫折並不可怕，人生中難免都會經歷一些困難，這反而是給我們一個機會，讓我們看見自己的優點和不足的地方，下一次我們還是有挑戰的機會啊！」說完，媽媽給亮岑一個擁抱。

「而且全班只有妳代表比賽，表示妳已經很有實力了，一次出錯不代表真正的實力，我們一起努力吧！相信下一次妳一定可以克服恐懼的。」媽媽以微笑鼓勵亮岑，化解了孩子心中的陰影。

以鼓勵讚賞取代失敗的憐憫

　　根據包比（J. Bowlby）的依附理論指出，子女與雙親的早期經驗與依附形式的發展，會影響個體的心理健康；且早期的親子關係及互動方式，對於個體的性格發展有著極大的影響，而這些性格又是影響個體未來處理事務及因應壓力的主要因素，故雙親的教養態度不僅在個體幼年時影響其性格發展，更會延續至個體成熟的行為

與互動準則。

　　雖然故事中的亮岑，一開始無法接受演講失常。但是他的主要依附人（母親），以正確的方式引導她面對自己的挫折，進而在失敗中仍能肯定自己。但是，孩子其實很難像成人一樣控制情緒，因此在遭遇失敗時，通常是採取消極的態度，如發脾氣、哭泣、埋怨等。一般而言，針對孩子無來由地發脾氣，父母絕對不能退讓，並且我建議以「置之不理」的態度來處理較好，主要是讓孩子體驗到其無理行為是不能解決任何問題的。

親子延伸題

☞父母與孩子一同購物時，要求孩子幫忙推購物車，協助父母算帳，這對充滿好奇心的兒童來說，會令人有驚喜的效果。不僅增加了孩子的自信心，同時又有培養耐心、轉化情緒的效果。

　　當孩子出現無理取鬧的狀況時，父母不要立刻限制孩子抒發情緒的行為。有鑑於此，兒童教育專家提出幫助孩子平靜情緒的三種方法：

1. 帶孩子接觸大自然

　　一開始，可以去一些能引起孩子興趣的地方，用外界豐富多彩的大千世界吸引孩子的注意力。在環境優美、怡人的自然環境中放風箏、騎腳踏車或是踢踢足球，以戶外活動適度地幫孩子釋放精力，有助於改善孩子的消極情緒。

2. 讓調皮的孩子多動手為自己或他人服務

將孩子的動力轉變成服務人群的活力，適度引導他們「做對的事」，不但可以引起孩子的興趣，更可藉此紓解旺盛精力。

3. 用音樂化解孩子的情緒

培養孩子對音樂的興趣，養成孩子對音樂的欣賞能力，可幫助他們緩和並穩定情緒。

由於孩子的自我信念與對事物的概念，來自被依附者（通常是父母）的教導或暗示。因此，父母抱持積極正向的理念，才能幫助孩子培養達觀的性格，進而走出正向人生。

孩子喜歡你這樣教！

＊不要用自己的「操心」干擾孩子獨立

許多父母抱著「為孩子好」的心態，用「操心」來妨礙孩子獨立，如天冷了怕孩子凍著，天熱了怕孩子中暑，上課怕孩子題目不會，即使孩子不願意接受父母的「過多關心」，他們也會硬塞給孩子。如此一來，不但影響孩子獨立能力的形成，反而還會使孩子產生叛逆心理，不利於親子關係。

＊「肯定」帶給孩子勇氣

父母的肯定能給予孩子繼續向前邁進的勇氣，而批評、挑剔卻只有摧毀孩子進步和成功的可能性。在這個世界上，沒有人能像父母或主要照顧者一樣，時時為孩子加油打氣，使其挺起胸膛，面對未來不可知的人事物。

＊好話的正面力量

其實父母稱讚孩子，會比其他人說好話更有正向效果。相對地，如果是批評或責備，其負面效果也是最大的。因此，身為孩子的親人，請對他們多說好話，使其擁有面對世界時所應必備的自信！

請給孩子愛護資源的能力
～教養，學習道理具體化

教導孩子「愛護資源」是一門學問，要傳遞孩子不浪費與愛惜資源的觀念並非用言語就能理解，父母必須搭配言行身教才能有效傳達！

　　玉涵是個備受寵愛的孩子，也因此養成她嬌縱任性的脾氣。

　　「媽媽，我要珍珠美人魚的橡皮擦！」玉涵在逛書局時，對媽媽提出要求。

　　「這個東西雖然不錯，但已經有了就不需要添購。」媽媽回應。

　　「這跟一般的橡皮擦不同，我一定要嘛！」玉涵耍賴。

　　「這不是收集品，是一個實用的東西，如果我們沒有需要，會造成不要必要的浪費！」媽媽解釋。

　　儘管媽媽極力勸導，但女兒還是一點都不在乎，因為她心想：「反正我只要向爺爺或阿姨撒嬌，他們就會買給我了。」

　　有一天，她趁爸爸媽媽不在家，就拜託爺爺帶她去買橡皮擦，因此玉涵的鉛筆盒裡便多了一個新成員。

　　晚上，媽媽檢查玉涵功課時，意外發現了這件事情，便問玉涵：「橡皮擦是哪兒來的？」

　　「這是爺爺買的！」玉涵毫無悔意。

　　「我說過了，我們應該要珍惜資源，妳已經有了橡皮擦，卻又要求爺爺買給妳，可見妳並不能體會我的用心。」媽媽很失望地說。

　　為了防止類似的事情再度發生，媽媽請親友們別再答應玉涵的要求。並且，媽媽將玉涵所有的文具用品分類好，鉛筆只給三枝，丟掉不再補發，太短則是以舊換新。在玉涵現有的物品用完之前，不許她購買任何相同的文具。經過一段時間下來，玉涵在媽媽嚴格的要求與合理說明下，改善了予取予求的壞習慣，從不懂、不願意，變成能有效控制自己的欲望。

愛護資源，應從父母徹底做起

　　現今地球生態已有天然資源嚴重匱乏的危機，例如林木大量砍伐、石油危機等，要確保下一代良好的生活環境，勢必要建立他們

愛惜資源的觀念。父母若重視物質生活的享受而不教導正確觀念，孩子也會變得浪費。當孩子的生活不虞匱乏時，將無法學習知足的真諦。期望孩子惜福，只用說教是不夠的，父母更應輔以身教作榜樣，讓孩子了解「施比受更有福」的切身經驗。

　　現今許多父母抱怨孩子太浪費，其欲望就像無法填滿的缺口般，一直索取無度。追根究柢，都是孩子太容易獲得物質的結果，因為父母讓孩子知道只要提出需求就可獲得，因此當新鮮感消失便會丟棄玩具，這其實都是父母沒有建立正確觀念所造成的。

　　教導孩子愛物惜物，可從日常生活的觀念著手。如外出用餐時，使用環保餐具，隨身攜帶自己的杯子、筷子和碗，不要因為「免費」就任意使用公共衛生紙、洗手乳、紙杯等，應盡可能減量運用，才不會造成浪費。

　　此外，要求孩子與家人全面降低生活開銷，購買之前先問自己是「需要」還是「想要」，如果有其他代替品或家中已有的物品，就不須再購買；並盡量選用再生材質製作或可二次利用的物品，且不任意丟棄。生活中，父母也要教孩子節省水電、瓦斯等消耗性能源，即使沒有公告限水，也必須保有省水習慣；夏天盡量不吹冷氣，即使開了也要限時使用，以教導孩子省錢也節省資源的觀念。

　　十九世紀的德國著名神童卡爾·威特曾表示：「小時候，父親只買給我一

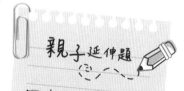

親子延伸題

☞有些道理對孩子來說根本不切實際，所以對孩子可以用「實做」來取代「說教」，讓孩子在進行具體事情的過程中，慢慢體會道理、總結經驗，這將比直接灌輸孩子道理還有效。

套積木玩具，其他玩具都是父親自己做給我的。我穿的衣服是用大人的舊衣改小；我有一隻玩具小熊，也是母親用做衣服剩下的邊角餘料做成的。而在這些生活細節中，父親隨時提醒我不要浪費，並養成節約的好習慣，這也使我逐漸懂得廢物利用的道理。」由此可知，其父親不僅以身體力行的方式，讓他從中體會儉約是為自己的生活做打算，更讓他了解這是延續人類福祉的方法。

因此，朝向有禮的社會邁進，提升人文氣質，復興尊師重道、孝道等傳統禮儀，都有賴於父母以言行身教建立孩子愛護惜物的精神與態度，以制止孩子浪費的惡習。

 孩子喜歡你這樣教！

✻分類歸位，隨手收拾

　　利用收納箱或收納櫃，依照玩具屬性分類歸位，避免孩子找不到玩具而產生購買欲望。例如扮家家酒玩具以「自由玩法」或組合積木為「建構類積木」等標示，再放入收納箱裡，於箱門外貼上圖片或文字來標示內容物是一目了然的最佳收納方式。

✻巧手修補，點石成金

　　父母可以和孩子巧扮玩具醫生，對一些玩具進行醫護修補工作，有時也可請求相關行業人士協助。在修補玩具的同時，更要教導孩子愛護玩具的習慣。

✻資源共享，愛心傳播

　　玩具太多幾乎是大部分家庭的問題，結合班級同學或親朋好友，定期舉辦跳蚤市場和玩具交換活動，甚至亦可捐贈給孤兒院或玩具圖書館，讓愛心傳遞到更需要的孩子們身上。

別有自以為是的想法！

請給孩子體貼他人的能力
～教養，學習換位思考

輕鬆教養談

父母應站在孩子的立場想像其處境，而不是將自己的想法套在孩子身上，這才是真正的關懷與體貼！

親子Story

　　彥仲的表弟到家裡來玩，但當表弟想拿彥仲的玩具時，他卻立刻搶過來，並不高興地說：「這是我的，你不許動。」

　　眼看兩個孩子的「戰爭」一觸即發，爸爸趕緊把彥仲叫到一旁，心平氣和地問：「表弟剛來我們家的時候，你很歡迎他，不是嗎？」爸爸刻意將彥仲的潛在感受說出來。

　　「是啊！可是他一直搶我的玩具，還踢我的火車……」

　　爸爸聽到彥仲的「控訴」後，仍然平靜地說：「所以，你沒有不希望他來，只是不希望表弟玩你的玩具，是嗎？」爸爸再度釐清彥仲的想法。

　　彥仲點點頭，爸爸接著問：「你是怕他弄壞你的玩具，才不讓他玩，是這樣對嗎？」聽到爸爸說出自己的想法，彥仲用力點了點頭。

　　看到彥仲的回應，爸爸反過來說：「爸爸了解你的想法，大多數人都會捨不得自己的東西被玩壞。但是現場有兩個人，另一個沒有玩具玩的人，心裡一定會很不快樂，對不對？」

　　「這又不是他的。」彥仲辯解。

　　「那爸爸問你喔！假如有一天彥仲到朋友家，朋友請大家吃冰淇淋，但是不分給彥仲，他說『冰淇淋又不是彥仲的，我愛給誰就給誰』，彥仲會不會難過？」爸爸舉例，因為他知道彥仲愛吃冰淇淋。這次，彥仲終於點頭了！

　　「所以囉……當你自己玩玩具，表弟不停地在旁邊搗蛋，你就不能怪他了，因為他手裡沒有任何玩具可玩。如果你和表弟一起玩這些玩具，或者各自拿一些玩具，那你們兩個人一定會很高興的，對吧？」

　　爸爸又趁勢提醒彥仲：「記得上次我們到阿姨家，表弟很熱情，他把整個玩具箱都搬出來讓你隨便挑，你當時感覺很好，而且那次和表弟玩得也非常開心，對不對？那時候阿姨跟爸爸都稱讚了弟弟，你也很喜歡他呢！」

　　聽完爸爸的話，彥仲也覺得自己的行為不妥，便立刻跑回房間，把自己的玩具箱都搬了出來，並邀請表弟一起玩樂，才化解了孩子間的紛爭。

父母，請站在孩子的角度看問題

　　父母應從孩子的角度出發，站在其立場思考問題，並透過「猜問法」去解讀孩子的心思，讓孩子知道你理解他、關心他的感受，這時許多問題往往都會變得容易解決。至少在孩子看來，父母願意了解他內心的感受，並認為自己是被關心和重視的。倘若當孩子出現問題時，父母不先詢問孩子原因便立刻批評、指責和抱怨，也許利用「權威」可暫時使孩子服從；但事實上，問題本質卻未得到解決，甚至還會造成孩子內心深處留下「爸媽根本不了解我」、「爸媽從來不替我想」的負面想法。假使父母仍不能及時改正教育方式，久而久之，孩子便會因父母的錯誤行為及表達方法，出現性格偏執、悲觀、自卑等問題，同時孩子還會對父母產生怨恨。

　　對此，美國教養專家提出一項建議，當父母不能馬上了解孩子內心感受時，不妨利用巧妙的詢問、試探性語言，如「你跟他吵架，是因為討厭他嗎」、「所以你覺得他不尊重你」，認真觀察孩子反應，進而猜想他的心思與感受。事實上，要想走入孩子的內心世界，最有效的方法就是站在孩子的立場去思考問題，並試著臆測他的想法，但在表達時切勿用肯定句，而應以問句讓孩子回答，使其說出內心想法；接著再灌輸孩子正確觀念、導正行為。

　　英文名師徐薇曾經遇過一個案例，有一次下課，學生們上前發問，一位北一女學生連續問了二十分鐘，後排學生等得很不耐煩，徐薇只好委婉地說：「妳先讓其他同學發問，待會兒再來好不好？」沒想到她竟然皺著眉頭，一臉不高興地轉身離去。當時，徐

薇老師並沒有放在心上，繼續回答下一位學生的提問。

　　大約過了幾十分鐘，徐老師的手機響起，一位中年男性的聲音不客氣地說道：「妳為什麼不回答我女兒的問題？她一回家就躲起來哭，說後面那位學生的問題，會比她的重要嗎？」當時，徐老師為了不傷和氣，只好不情願地道歉。其實，從這位父親的反應可知，女兒會出現輕微霸道、自私等行為，都是來自家庭環境的影響，或許以父母的立場來說，他是站在孩子的角度替她著想，但事實上，並未深入了解孩子的需求。針對這種情況，父母不應介入，而是必須教導她為別人著想的觀念，例如這位爸爸可對女兒說：「請妳試想如果妳是後面那些學生，會不會也等得很不耐煩？」、「這些問題妳也可以試著先思考，自己找出答案！」教導她做人處事與培養解決問題的能力，杜絕孩子以自我為中心的錯誤想法。

　　針對孩子的成長問題，父母們總是容易「過度介入」與「過度焦慮」，他們像極了在孩子上空盤旋的直升機，無時無刻守望孩子的一舉一動，深怕他們趕不上時代。但最後雖讓孩子贏在起跑點，卻總輸在人生的路途中，所以愛孩子不是替孩子承擔，而是教育他們如何承擔。

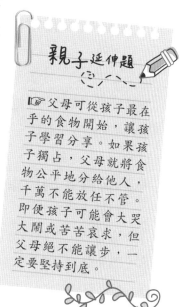

親子延伸題

☞父母可從孩子最在乎的食物開始，讓孩子學習分享。如果孩子獨占，父母就將食物公平地分給他人，千萬不能放任不管。即便孩子可能會大哭大鬧或苦苦哀求，但父母絕不能讓步，一定要堅持到底。

＊與人分享的第一步

父母可有意地製造一些挫折，適時進行引導，讓孩子了解自私是不受歡迎的行為，只有友善和互助才能贏得大家的認可。因此，可鼓勵孩子多參加合作性的遊戲活動，指導孩子在玩樂中，感受尊重、幫助、謙讓別人的樂趣，並學會控制自己不合理的情緒。

＊創設模擬情境讓孩子經歷分享

平時，可以講一些有關分享的故事給孩子聽，並與其一同扮演故事裡的角色，即孩子演分享的人，爸爸媽媽則是當接受者的角色後再互換；經過一段時間，其真實、直接的情感體驗將會使孩子了解分享時的愉悅心情。

＊滿足孩子的需求要適當

對於孩子的合理要求可以適當滿足，但對於及時的需求應讓孩子學會等待，不宜過分遷就，即使孩子很倔強，父母也要堅持到底。因父母若出現一次妥協，孩子就知道下次利用某些方法也能得逞，所以父母要有「狠」心、恆心和耐心，以及堅持到底的決心。

PART 5

父母心態正向，孩子未來無限

請看見孩子的能力！

看見孩子優點並強化
～教養，學習放下攀比

輕鬆教養談

正所謂「天生我才必有用」，父母應放下將孩子與他人進行比較的眼光，而是專注在孩子特有的能力！

親子Story

　　在親子講座上，我經常鼓勵父母心態要正向，孩子才會擁有積極樂觀的態度。有一次，我就分享了以下這則故事給台下家長們：

　　一天假日，爸媽和書蕾、至勝開車出去玩。正當準備開往高速公路時，沒想到遇上大塞車。「唉唷！還沒上高速公路就塞成這樣，好久哦！」至勝無奈地說。

　　「拜託你，不要還沒上路就一直抱怨好嗎？聽了就覺得煩！」書蕾不耐煩地回答。

　　媽媽在一旁笑著說：「你們姐弟倆也行行好，我們是出來

玩的，可不可以開心一點啊？」

爸爸說：「是啊！塞車是因為假日，這是預料中的啊！而且你看，我們還能『慢慢的』欣賞沿途風景呢！」

「慢慢的？我都快急死了！爸，你還真是『樂一觀』！」聽到至勝的回應，全家人都笑了。

過一會兒，媽媽開始關心起書蕾的打工情況，沒想到書蕾卻像連珠砲似地不斷抱怨：「唉！媽，我們餐廳老闆很討厭耶！他總是分配我最麻煩的工作，老是叫我做外場、端菜送給客人，我還是比較喜歡待在吧台，那看起來比較好玩，而且不用一直來回巡視。」

爸爸聽完，馬上接著說：「書蕾，我覺得在外場可以和客人互動很好啊！妳想想，在外場不僅能訓練機動性，而且還可以幫助你認識到各種不同類型的人，說不定妳還能和他們成為好朋友呢！」

「哦，爸，你又來了！」爸爸的樂觀讓書蕾翻了翻白眼，弟弟和媽媽都笑了出來。

媽媽後來也俏皮補充道：「你們的爸爸就是這麼樂觀與正面，才能解決許多工作和生活上的問題啊！所以我們應該學習爸爸的積極思考與正面處事的態度，才能解決未來的人生難題，讓我們向凡事正面思考的爸爸致敬！」這時，只見姐弟倆馬上舉手行禮，全家人也開心地笑了起來。

‧ ▾ ♥ ▾ ‧ ‧ ▾ ♥ ▾ ‧ ‧ ▾ ♥ ▾ ‧ ‧ ▾ ♥ ▾ ‧ ‧ ▾ ♥ ▾ ‧ ‧ ▾ ♥ ▾ ‧ ‧ ▾ ♥ ▾ ‧

樂觀看世界，孩子的心是彩色的

拿破崙·希爾（Napoleon Hill）在《成功學全書》中，闡述了「PMA」的成功黃金定律——「積極心態」（Positive Mental Attitude）。他提出：「人與人之間的微小差異，往往造成天差地遠的成就！」而這微小的差異就是指心態的消極與積極。

在進入主要內容前，可請父母與孩子先做以下題目測試：

社區正在進行限水措施，家裡儲藏的水已用掉一部分，你會怎麼看待這桶水呢？

1.「天哪！沒想到已用掉三分之一了！」

2.「還好，還有三分之二的水可使用！接下來，要好好規劃用水了！」

其實，這道題目就是在測試你與孩子的想法是否積極、正面。回答1者，代表你是看到沒水的部分，意即態度偏消極、容易抱怨；回答2者，則代表你是看到有水的部分，即態度正面、樂觀，遇到問題時，保持積極不負面的心態，會立即想辦法解決。

在日常生活中，父母應教導孩子在面對人事物時，應經常保持樂觀、正面的思考，而不是一味地仰賴社會、抱怨環境，故父母所創造的家庭生活便相當重要。因為孩子並非一出生就充滿負面思維與抱怨，往往是從父母的態度、行為上去模仿與學習，並在潛移默化中影響其處事態度。

我曾在親職講座中看到一位三歲的小小孩跌倒，當時他不僅沒哭，反而笑嘻嘻地看著媽媽說：「啊！我跌倒了。」然後拍拍腿上

的灰塵自己站起來。難道他天生就這麼開朗嗎？當然不是！這是因為他的父母「本身」也是樂觀、正面的人，所以教導孩子時，自然會傳遞這種態度，於是「有樣學樣」的小小孩也會感染到父母凡事積極的正向思維。

　　那麼，要如何幫助孩子「看到有水的部分」？而孩子遇到失敗或挫折時，又該如何正面思考呢？其實，父母必須教導孩子從小就應保有一顆知足與感謝的心。試想，一個人每天工作抱怨老闆、看到新聞抱怨政府、遇到挫折就說同事的錯、走路跌倒就怪石頭擋路，這都源自於此人心中沒有感恩、知足的心，總認為是別人的問題而不懂得反省自己。因此，父母如果期望孩子能正向思考，首先得培養他們滿足與感謝的心，並經常陪孩子在生活中數算自己所擁有的，感謝得來不易的人事物，甚至讓孩子在付出勞力後給予小小獎賞，使其實際體會到自己所擁有的一切並非理所當然。

　　當家庭有著「習慣感謝」的生活型態時，自然而然就會減少抱怨，此時孩子看事情的角度與視野便會更寬廣。曾經在回家路途中，目睹一位爸爸與其女兒的對話。女兒看著牆上貼的海報說：「我想要那個玩具。」爸爸微笑回答：「妳知道這要花多少錢才能買到嗎？」女兒說：「兩百元。」爸爸接著和女兒分析：「但妳知道有好多偏遠地區的小朋友都沒有飯吃，兩百元能讓他們吃三天呢！妳願意省下這些

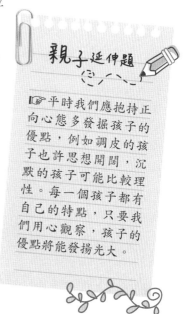

親子延伸題

☞平時我們應抱持正向心態多發掘孩子的優點，例如調皮的孩子也許思想開闊，沉默的孩子可能比較理性。每一個孩子都有自己的特點，只要我們用心觀察，孩子的優點將能發揚光大。

錢來幫助他們嗎？」女兒思考後說：「嗯，我知道了！其實我也有很多玩具，省下這些錢就可以幫助他們了。」

聽完這段對話，許多父母都會想：「哇，這孩子也太完美了吧！」的確，這孩子不僅相當懂事，而且還擁有幫助他人的良善想法；而最重要的是，她能「正面」思考爸爸的「建議」，而不是無理取鬧地要求爸爸滿足她的需求。其實，當孩子內心充滿感恩時，看事情的角度就會較為積極正面，對孩子來說，那將是別人怎麼也奪不走的幸福。

 孩子喜歡你這樣教！

＊每天與孩子分享感恩的事

在與孩子的談天過程中，每天試著和孩子分享三件以上充滿感謝的事，並請孩子也談談他想感謝的事物，幫助孩子擁有一顆感恩的心。

＊玩分享遊戲

在家中，父母可與孩子經常玩「分享遊戲」，例如可請孩子平均切好蛋糕，分給家人；或一同與孩子整理好舊衣，捐贈給需要的團體或單位；有時亦可讓孩子適當缺少一些零食或玩具，藉此教導他知足、分享與惜福之道。

＊寬容對待孩子的錯誤

孩子還小，犯錯難免，不要因為一點小事就大動肝火或悲觀失望。其實，當孩子犯錯時，他們更渴望獲得父母的寬容和愛，如果我們能以寬容慈愛的心來看待孩子的錯誤，不但能平穩即將爆發的情緒，更重要的是能讓孩子感受到愛，使其更加願意、積極地改正錯誤。

恩威並施改正孩子缺點
～教養，學習杜絕叫嚷責罵

當孩子犯錯時，你的叫嚷責罵換來孩子的自卑與消極；反之，你的寬容與道理，將換來孩子積極改正錯誤的能力！

輕鬆教養談

親子Story

　　某個假日，媽媽將睡眼惺忪的凱信從床上「挖」起來，凱信迷迷糊糊地刷牙洗臉後，便去桌上拿牛奶喝，但因為杯子太燙，一不小心便打翻了牛奶。

　　在廚房洗碗的媽媽聽到打破玻璃的聲音，生氣地跑出來，開始罵：「笨手笨腳的！拿杯牛奶也不會！」說完，就把凱信拉過來，朝他屁股狠狠打了兩下。

　　凱信被媽媽打得哇哇大哭，哭聲驚動了正在睡覺的爸爸。爸爸趕緊起床到客廳，看到破碎的杯子和哭泣的凱信，這時爸爸就知道媽媽又發脾氣了。

　　爸爸到凱信身邊，蹲下來，摸摸凱信的頭，柔聲說道：「兒子，別哭，不就一個杯子嘛！來，爸爸看看有沒有傷到手！」說完，拉著凱信在沙發上坐下來，檢視凱信的手有沒有受傷。

　　接著又說：「以後拿杯子的時候，可以先用布包著，這樣既不會燙著，也不容易手滑，懂了嗎？」爸爸邊說邊示範給凱信看。在爸爸的安慰下，凱信後來收起了眼淚，又笑了起來。

· ♥ · · ♥ · · ♥ · · ♥ · · ♥ · · ♥ · · ♥ · · ♥ · · ♥ · · ♥ · · ♥ · · ♥ ·

讓孩子看見的是道理而非懲罰

　　許多父母總是喜歡用嚴厲的態度來懲罰犯錯的孩子，甚至信奉「棒頭出孝子」的理論，認為指責和打罵才能幫助他們改正。其實，當孩子犯錯時，心情本來就比較緊張，若父母又大聲斥責，孩子便會失去安全感，甚至腦袋一片空白，此時根本聽不進去父母後續的道理。所以，最無效的教育方式，就是對孩子發火。

　　而根據多年的親職教養經驗，我將大多數父母會出現的負面教法羅列如下，父母可就此回想自己是否有如此對待犯錯孩子時的反應：

　　1. 對自己的孩子生氣時，尖聲叫嚷責罵。

　　2. 高聲訓斥年幼的孩子：「閉嘴！讓你說話了嗎」、「再不聽話就把你丟在這兒，看誰來管你！」

3. 用言語威嚇十幾歲的孩子：「如果不聽話就再也不要回來！」「我沒有你這樣的兒子（女兒）！」並對孩子的行為橫加指責，破口大罵：「如果你不好好待著，小心我打你！」

4. 讓孩子當眾跪著，公開羞辱他，但目的是希望孩子變好。

試想，我們將上述情形套用在自己身上，有誰能忍受對方如此近乎凌辱的對待？而孩子因為無法反抗，所以他們除了服從，別無他法。雖說父母都是以愛的名義教育孩子，但卻固執地用成人世界的規則來強行約束、傷害孩子，沒有站在孩子的立場來深入了解其負面行為背後的理由。

孩子錯了，父母就應該直接告訴他「這件事你錯了」，並且錯在什麼地方。而不是用暴力責罵來阻止孩子的行為，如果不幫孩子認識到問題的關鍵，一味地體罰責備是產生不了任何作用的，如此不僅會降低父母的威信，還會加深親子代溝。

故當孩子犯錯時，父母應先化解孩子緊張的心理，引導他們認識自己的錯誤，進而徹底改正，以下方法可供父母作為參考：

親子延伸題

☞與孩子做朋友是現今教育的主流，唯有將孩子當成獨立個體，與其平等交談、互動，才能維持良好的親子關係。此外，切忌以大人的權威身分打壓孩子，因這只會讓你們的關係降到冰點。

1. 父母要學做孩子的心理醫生

父母是孩子最親近的人，因此孩子的一切心理與情緒變化，父母必須有全面性的了解，並及時轉化孩子的負面情緒。例如當孩子緊張時，父母要及時疏導孩子的情緒並加以輔導，勿讓壞心情影響

其身心健康，降低父母傳遞訊息的效度。

2. 透過「反射情感」，安撫委屈的孩子

　　當孩子受到委屈時，父母應該設身處地理解孩子當時的心情。甚至當孩子向你表達某種感受時，可利用孩子的原話表示你對他的理解，這在心理學上稱作「反射情感」。

　　舉例來說，孩子放學回來後，心情不佳，媽媽問他發生什麼事，孩子才回答：「今天下午，我明明沒有打劉子婷，可是老師卻說我有打，真氣人！」這時，我們可以接著說：「明明不是你打的，老師卻硬說是你打的，是氣人沒錯！」聽完父母的回應，孩子會覺得父母是站在自己這一邊，不僅怒氣削減許多，也較能理性地陳述整個事件經過。

　　又或者，孩子告訴媽媽：「今天上課時我一直舉手，可是老師就是不叫我回答問題。」這時，我們可以這樣說：「是啊！一直舉手卻不能回答問題，心裡一定不好受！」諸如此類，父母以孩子的原話，將其情感反射出來或者說出孩子潛在心裡的委屈，可幫助孩子宣洩積壓已久的抑鬱情感，使其恢復情緒。

＊心平氣和地接納孩子各種情緒

其實，孩子與成人一樣擁有喜怒哀樂的情緒，並且他們毫不掩飾，所以父母能一目了然幼兒的情感，進一步幫他們排解負面能量，如此將有利於心理健康的發展。

然而，在傳統觀念裡，我們一直被教導某些情緒必須壓抑，如憤怒、哭泣等，但孩子因心智尚未成熟，若父母一味阻止他發洩，將會影響其心理成長。因此，只要在不擾亂別人生活與傷害他人的情況下，教導孩子適當地宣洩情緒，會比默默承受更有利於身心健康。

＊教訓孩子要講究方式

當孩子犯錯時，一味地寬容、原諒，必定對其發展不利。因此，必要的懲戒可有效制止孩子的不良行為。但父母應注意方法而不是直接干預，如此將會造成孩子的心理壓力，進而留下陰影。所以，當孩子的錯誤需要受到教訓時，應先明確告知孩子犯錯受罰的理由，最後再以寬容的心態、溫和的語氣，認真告訴他如何改正，以避免再犯。

孩子做事不會
畏畏縮縮！

不要對孩子出現比較心態
～教養，學習走出虛榮圈

輕鬆教養談

父母都希望孩子能擁有很好的成就，因而忍不住將其與他人比較，殊不知在此過程中，已經消磨你與孩子建立已久的親密關係！

親子Story

　　以芹與爸爸在散步的途中，突然看見好朋友怡潔坐在公園椅子上吹笛子，她高興地拉著爸爸過去。

　　「怡潔，妳在練習吹笛子呀！我在遠處就聽見了，真好聽。對了！爸爸，她就是我跟妳說的『小才女』，我的好朋友——怡潔。她很厲害喔！會彈鋼琴、畫畫……，每項都很傑出喔！」以芹拉著爸爸興奮說道。

　　「叔叔好！」怡潔禮貌地問候。

　　「妳好啊！真是有禮貌的孩子。」以芹爸爸摸著怡潔的頭說道。

　　後來，他們隨意聊了幾句，但因還要去賣場幫媽媽買東西，所以爸爸便拉著以芹走了。

　　然而，以芹沒有注意到爸爸的臉已經變色，還不停地講著怡潔的好話。

　　這時，以芹的爸爸突然說了一句話：「真奇怪，妳們既然是好朋友，怎麼各方面才能差這麼多呢？唉！為什麼別人什麼都會，妳就不會呢？」

　　原本以芹高興的臉龐，被爸爸這麼一說，頓時沉下臉來，也不想開口說話了。

· ♥ · · ♥ · · ♥ · · ♥ · · ♥ · · ♥ · · ♥ · · ♥ · · ♥ · · ♥ ·

退去比較，孩子能力更上一層樓

　　兒童心理學家一直強調一個觀念，在孩子的成長過程裡，其辨別是非的能力不強，且個人性格和人生價值取向等都還沒有定位，完全還是一個可塑時期，因此父母這階段的積極引導和期待便至關重要。

　　從前述故事中，以芹爸爸將女兒與其朋友相比，並進行才能上的比較，使得孩子產生「攀比」心理，不免造成孩子心理上的自卑。儘管在社會上生存，競爭必不可少，但是身為教育指導者，應考慮孩子的心理承受和理解能力。回頭看看以芹爸爸所說的話，其實可以了解他只是希望自己也有個優秀的女兒，但由於孩子心理尚

未成熟，明辨是非的能力很弱，因而難以分辨什麼是正確的競爭，什麼是盲目的攀比，只會針對父母所說的話進行字面翻譯，進而造成誤解，讓親子關係蒙上一層陰影，更影響了以芹的價值觀。

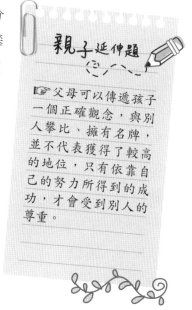

親子延伸題

☞ 父母可以傳遞孩子一個正確觀念，與別人攀比、擁有名牌，並不代表獲得了較高的地位，只有依靠自己的努力所得到的成功，才會受到別人的尊重。

　　並且以芹的爸爸若不修正心態，女兒往後的生活將會出現兩種情況：

　　一、她什麼事都要和怡潔比，甚至連一些壞習慣也開始比較，因為她認為爸爸希望自己比別人強。

　　二、因為禁不起失敗的打擊，所以漸漸將自己封閉起來，進而造成心理扭曲。

　　其實，以芹爸爸既然希望孩子優秀，便應以鼓勵、相互學習的方式讓孩子了解，例如可對女兒說：「妳要好好把握機會啊！有這麼好的朋友是值得高興的一件事，有什麼不懂的都可以向她請教！」以此激勵孩子學習的動力，從中發展孩子的興趣。

　　事實上，孩子當下的發展或成績並不能立即決定他的成就，以下便有兩個例子證明：

　　(1)愛因斯坦4歲才會說話、7歲才會認字，老師經常說他「反應遲鈍，滿腦子不切實際的幻想」。但是，他最終貢獻了偉大的「相對論」。

　　(2)數學大師吳文俊從事數學研究長達半個世紀，是中國最具國際影響力的數學家之一。但是你能想到，如今揚名海內外的大師也曾有過數學考0分的紀錄嗎？

　　諸如此類的例子還很多，但要激勵、幫助孩子進步，並非否定他們，而是要引導孩子採取有效措施，搭配鼓勵的話語，才能協助他獲得良好成績。

　　依據研究顯示，孩子的心是非常脆弱的，儘管他們年紀很小，但一樣有自尊心。如果父母經常拿自己的孩子與別人相比，不但會使其形成一種攀比習慣；更嚴重地，還會影響小朋友之間的友誼。而且，當父母說出這種不負責任、沒有任何意義的話時，孩子也不會因為這句話而解決掉根本問題！

　　愛孩子，就是要保護孩子不受傷害！愛孩子，就是要讓孩子健康成長！所以，父母必須摒棄那些阻礙孩子健康發展的說法和行為，以幫助孩子建立正確的價值觀。

＊杜絕父母的虛榮心

　　人之所以會有煩惱，往往是因為相互攀比。當父母總是拿別家孩子的長處來比較自家孩子的不足，不僅會降低孩子的自信心，孩子也會變得較為敏感而對分數斤斤計較。

＊讓孩子擁有自由空間

　　孩子的虛榮心通常是被父母逼出來的，他們不會關注孩子的成長過程是否快樂，而是緊盯孩子的分數。這時孩子為了達到父母的期望，便會不得不創造虛假的成績來獲得父母的表揚和獎勵，長期下來，將造成孩子的心理扭曲。因此，我們應減輕孩子的壓力，還給他自由快樂的成長空間。

＊給孩子一個合適的心理定位

　　父母不應過分誇大孩子的優點，也不要掩蓋其缺點。若孩子的行為符合道德規範，父母可給予適度表揚。然而，過於頻繁且表面的讚揚只會讓孩子為了追求稱讚而做，並不能了解到是對自己好的緣故，因此對於孩子的缺點要及時指出，並協助他分析原因，進而改善。

請脫下權威管教的面具！

別將孩子錯誤上升一級
～教養，學習減少誇大孩子錯誤

輕鬆教養談

孩子所犯的錯，父母千萬別誇張放大；唯有以愛與關心來化解，才能幫助孩子建立自信與消除緊張感！

親子Story

　　「鈴～鈴～鈴～」電話聲響了起來，政家媽媽放下手邊工作趕忙跑去接電話。

　　只見媽媽若有所思地說：「嗯……是……好的，老師，對不起、對不起，我們一定會處理！」

　　掛上電話後，媽媽很生氣地走進房間，對正在上大班的政家說：「快說，你到底在學校做了什麼？」還沒等政家回答，媽媽就急著講：「為什麼偷東西？我們平常沒有給你嗎？真是丟臉死了。」

　　聽到房間傳來媽媽的怒吼，爸爸趕忙跑去，拉著激動的媽

媽說：「媽媽，妳冷靜一點，先讓政家自己說吧！」

接著，爸爸轉頭問兒子：「政家，你能說說在學校發生什麼事了嗎？」

有點被嚇到的政家，害怕地說：「沒有啊……我不知道……」

爸爸再一次地詢問：「你確定嗎？不然媽媽怎麼會氣成這樣，你先別緊張，老師說你偷東西是真的嗎？」

看到爸爸理解自己的緊張心情，政家才吞吞吐吐地說：「嗯……嗯……那個不是偷啦！我只是把同學的海綿寶寶橡皮擦拿過來看一下而已，還來不急還他，我……就……就先放在口袋裡了。」

聽完政家的解釋，爸爸說：「政家，你要知道，這樣的行為是不對的喔！你拿人家東西前，一定要經過別人同意才行，如果同學拿你最愛的哆啦A夢鉛筆卻沒跟你說，你有什麼感受？」

「當然覺得很生氣啊……而且也沒問我！」政家回答。

爸爸繼續說：「所以，你的同學也是這種感受！」

此時，媽媽仍是一團怒火，激動地說：「真是氣死我了，竟然偷別人東西。」

「好了好了，媽媽，妳嚇到政家了，好好說，好好說。」爸爸安撫道。

這時，媽媽看到政家驚恐的神情，突然覺得自己反應太大，於是緩和情緒後便說：「很抱歉，剛才媽媽太激動了，希望沒嚇到你，但是媽媽要你知道偷別人東西是不對的，知道

嗎？」

　　政家這時緩緩地說：「媽媽，對不起，剛剛聽爸爸說完後，我才知道我的行為不對，但是我真的沒有想偷他東西的意思，只是沒經過他的同意……」看到政家反省的模樣，媽媽知道孩子錯了，再次叮囑他要記得這次的教訓。

犯錯，孩子才能成長地更快

　　當父母發現孩子犯錯時，很容易因過度緊張而生氣，如此將造成孩子更大的反彈。在過去的環境中，孩子常被教導「不能犯錯、這會讓父母丟臉、犯錯等於家教不好，犯錯會被貼上標籤」的觀念，於是父母的處理方式就是打罵，把人打到更叛逆，罵到完全沒自信！反觀現在提倡「愛的教育」，使父母認為不能打罵小孩，而應用柔性感化他們，在無所依據下，父母的管教不是太權威，就是太放縱。

　　究竟，當孩子犯錯時，父母該如何處理呢？並且，又要用什麼標準來衡量，才不會造成孩子只是因為恐懼權威而表面順服？其實，父母在面對孩子犯錯時，應明白其背後原因並告知道理，培養他們辨別是非的態度，並寬容地允許他們犯錯，而不是成為凡事做對的人。如果只和孩子說「不可以」、「我說了算」、「不對就不對，問什麼問」等命令句，只會讓孩子感受到父母正行使大人的權

威，而不能明白到底為什麼不能做。當然，錯誤也就會一再發生了。

　　並且，當父母在處理孩子犯錯的情況時，應區別孩子的錯誤是屬於「能力上的不足，要學習才會進步」，還是「故意犯錯」的行為，因其處理方式將有不同。

　　舉例來說，當你確定2歲幼兒打翻杯子，是因手感不好，就應該教導他怎麼做，幫助他練習到會為止，而不是打罵他；但如果4歲孩子故意打翻水杯，那麼就要明確告訴他「故意」是不對的，並補充說道「打翻水杯很危險，因為很可能會讓自己滑倒或被玻璃劃傷手，也可能讓經過的人受傷」。如此一來，即便孩子遭受處罰，也會知道自己的缺失，而不會誤解是來自於父母的怒氣，使他們產生「再犯好像也無所謂，反正只要道歉就好」的心態。因此，父母唯有理性地將孩子不對的行為與其錯誤的原因、帶給他人麻煩與正確的做法加以結合，孩子才能真正改進。

　　此外，父母也應給予他們改過的機會，使其從錯誤中學習、成長。所以，當孩子犯錯時，應給予他機會認錯，讓他知道你為此而感到傷心難過，並要他為自己的行為負起責任（可能是處罰、限制他的權利、賠償……），儘管如此，父母最後仍要讓他知道，你並不會因此而改變對他的愛。

　　例如，當父母接到學校老師的電話，提起你的孩子在學校說了不雅笑話而傷害同學時，父母可以這麼處理：

親子延伸題

☞當孩子因為犯錯而站在你面前時，可以先給他一個溫暖的擁抱，緩解其緊張的情緒；接著再教導孩子正確做法，孩子也比較容易接受批評，進而避免再犯。

　　等孩子下課後，把孩子叫到自己身邊，認真問：「你有什麼話想和我說嗎？」孩子如果說：「沒有！」父母可再問一次：「真的沒有嗎？」如果孩子還是沒承認，父母可表示：「真的嗎？我今天接到老師的電話說你和同學講了不雅的笑話，這是真的嗎？」如果孩子承認了，就要讓他知道笑話使人不舒服的原因，並請他打電話向同學道歉；假使他沒有在第一時間說出真相，也應再給他兩、三次機會，並讓孩子知道勇敢承認比說謊更能得到諒解，以肯定他們勇於面對的心。

　　父母應謹記，管教孩子的目的是在建立他們擁有正確動機及道德價值觀，而不是要他們依照父母的期望生活卻失去自我，唯有理性管教孩子，他們才能積極看待一切，培養出自主思考的能力！

＊了解父母底限，導正孩子行為

　　父母可試著在紙上寫下孩子什麼舉動最容易令自己火冒三丈，無法控制情緒；另外，也請孩子寫下自己最容易犯錯的地方，這不但能使孩子了解父母的底限，也能讓父母了解孩子有待改善的行為，進一步給予協助。

＊互相溝通

　　父母可試著問孩子：「當你犯錯時，你希望父母怎麼處理比較好？」藉此了解孩子的心裡是否會感到害怕或不安，又或者是完全不在乎。接著也和孩子分享，當他犯錯時父母的心情與想法，使其知道父母為此感到難過，以激起他們的同理心，進而勇於改過。

＊批評只要1分鐘

　　對孩子的批評不要沒完沒了，當確認孩子犯錯後，應先花30秒表明自己的態度，向孩子說：「你故意把同學的東西弄丟令我生氣」、「你把襪子扔在床底，媽媽很不高興」等這類的話。接著再花30秒的時間教導孩子如何補救，例如可跟孩子說：「明天，你必須跟同學道歉，爭取他的原諒」、「我希望你現在把襪子放到洗衣機裡！」進行了1分鐘的批評後，接著再告訴孩子改正錯誤的方法，使其引以為戒。

經驗分享孩子
最愛聽！

分享經驗，達到教育指導性
～教養，學習與孩子分享經驗

輕鬆教養談

「說故事」是行銷的最高手段，同樣地，父母想將道理與觀念傳遞給孩子，故事般的經驗分享最能深入孩子的心！

親子Story

　　就讀國中的維鏞寫情書給同班女生被發現，老師在第一時間通知了他的父母。維鏞的爸爸在得知這件事情後，並沒有教訓孩子，而是平靜地與孩子回家。

　　到家後，見到維鏞一臉悶悶不樂的模樣，爸爸拍拍兒子的肩膀問：「怎麼了？還為那件事不開心嗎？」聽到爸爸這麼一說，維鏞點點頭。

　　這時，爸爸回憶起他高中時期的青澀戀情，接著說：「我在國中時，班上有一個女孩成績很好，後來我也努力學習，想要超越她，而她當然也不甘落後，所以我們就這樣展開了一輪

又一輪的學習競賽。漸漸地，我們下了課後，經常相約一起念書、寫作業，希望能考上同一所大學。但放榜後，我考上北部的學校，她則是南部。」

「那最後呢？」兒子好奇地問。

父親笑了笑回答：「後來我認真念書、考研究所，便漸漸與她失聯。上班後，就認識了你媽媽，她非常優秀……然後就有了你這個出色的小男子漢！」

說完，兩人相視而笑。爸爸也請國鏞談談這位女孩，父子倆就這麼聊了一個多小時。沒有指責、更沒有嚴屬禁止，爸爸反而是以輕鬆的態度與自身經驗，教導孩子與異性交往的相處之道。

分享經驗最能觸動孩子心靈深處

當孩子對自己的錯誤過度自責時，可參考前述故事中的父親，以其經驗分享的方式，引起孩子的共鳴和好奇心。除可幫助孩子從過度自責中解脫，避免沉浸悔恨而無法自拔外，還能集中孩子的注意力在彌補過失與改正錯誤上。

此外，「分享自身經驗」的方式也適用於犯了錯，卻不能及時認清的孩子。父母可從「過來人」的親身體驗和孩子進行溝通，將有助於孩子接受家長的觀點和建議，並進一步理解和關心孩子內心

的想法，以達到教育的最高指導性。

　　換個角度思考，其實也就是易地而處，可幫助父母站在孩子的立場上考慮問題，其目的是要充分了解孩子內心的感受，而不是利用「我的經驗比你多」的強勢角度來告訴孩子「我比你優秀」，諸如「我要是你的話，就不會為這麼點小事感到傷心……」、「想當年，我絕不會這樣………」類似這些話，非但不會讓孩子感到安慰和輕鬆，反而會引起孩子的反感、甚至叛逆，即使孩子嘴上不說，心裡也可能會產生「就因為你不是我，你才會這麼說」、「你怎麼會理解我的苦衷」等想法。

親子延伸題

☞ 孩子犯錯時，父母最好避免責罵懲罰，或出現「想當初……你怎麼會……」一類的否定語言。「分享經驗」的用意在於給孩子一個參考指標，而不是要求孩子完全遵循！

　　心理學家指出，孩子其實非常喜歡聽大人分享年輕時遇到的困難與解決方法，他們不見得會完全按照大人當時的應對模式來解決，但會在傾聽的過程中找出符合自己的最佳方案。

　　因此，當父母分享自身經驗時，須把握一項原則，意即只需客觀地將過程、所採取的措施，和最後的結果表達出來即可，以參考價值為原則來分享經驗，使其對自己的問題進行思考。

 孩子喜歡你這樣教！

＊不要強迫孩子說心事

父母應知道，不是每一個孩子都能侃侃而談自己的心事，父母應多分享自己曾經遭遇的問題，並從孩子的角度出發，與其進行溝通，讓孩子產生備受重視的感受。

＊避免強迫孩子遵循自己的做法

父母在分享經驗時，必須理解孩子內心的感受，若只強調孩子應依自己的做法行事是無法獲得孩子認同的。畢竟，時代與環境背景不同，許多事情的準則也會有所改變，因此不能要求孩子完全按照自己的做法，而是要有彈性的應對。

＊傾聽孩子困難

若想幫助孩子克服困難，除了先了解孩子的問題外，還要認真傾聽孩子的心聲。因此，多多聆聽他們的想法，與其面對面交談，並將自己的心先交給孩子，他才有可能將其感受回饋給父母，如此一來，便能進一步幫助他們解決困難。

父母的愛要平等無差別！

父母平等的愛杜絕手足爭寵

～教養，學習愛要平等

輕鬆教養談

孩子本身就需要灌溉「愛」才能得以成長，當家中出現第二名幼小成員時，父母必須避免讓孩子感受到父母有「偏心」的傾向！

親子Story

「這是我的，你走開。」哥哥生氣地從弟弟手中搶回自己的玩具。

「我的、我的……媽媽，哥哥搶我的玩具……嗚……」弟弟哭著向媽媽告狀。

媽媽說：「哥哥，你就讓弟弟玩一下嘛！」

只見哥哥不開心地說：「為什麼每次都是我，不公平！」說完，便生氣地走回房間。

但過沒多久，房間又傳來兄弟倆吵架的聲音：「我在寫功課，你幹嘛打我啦！很討厭耶！」原來是弟弟趁機拿玩具打了

哥哥的頭。

「媽，妳看他啦！」

媽媽見狀，也只能無奈地說：「唉……你們兄弟倆為什麼就不能乖乖的呢？每天吵來吵去，又不是仇人。」

沒想到哥哥竟回：「哼！因為妳比較愛弟弟啊！妳把他寵壞了！」

哥哥突然冒出的這句話，讓媽媽很吃驚：「你怎麼會那麼想？我也很愛你啊！」

「哪有？每次妳都要我讓他，吃飯時也都會餵他，看到他也會先抱他、親他。」哥哥抱怨。

此時，弟弟也不滿地說：「哪有，媽媽每次都買書給你，還有幫你複習功課，媽媽比較愛你。」

這下媽媽終於明白兄弟倆整天吵架的原因，原來是因為吃醋爭寵啊！

於是，她把兄弟倆拉到身旁，跟他們說：「你們兩個都是我的心肝寶貝，我愛哥哥也愛弟弟，並沒有不公平，只是有時候你們的需求不一樣，所以方式也就不同！像弟弟因為年紀還小，吃飯、睡覺就需要更多的照顧；至於哥哥則是因為課業上的需要，所以媽媽要給予更多的協助，對我來說你們都是一樣的，是我最愛的寶貝！」說完，媽媽抱著兄弟倆，這才看到他們展露笑顏。

讓孩子感受到父母平等無私的愛

　　心理學家研究發現，老大和老么的特徵與性格有較大差異。由於老大的身分總是比較接近「獨子」（因為他曾當過幾個月或幾年的獨子），故一出生便享有專屬的關注，所以當弟妹出生時，便會感覺到那份專屬的愛被剝奪。

　　而老二或老么則是一出生就有競爭者，故面對兄姐已有的特權，他總是試圖展現他的「攻擊策略」，利用幽默感、獨創性及對立的精神，以獲得父母關注的眼光，因此性格較為活潑、有衝勁，並且具有「革命特質」。

　　事實上，孩子爭吵的背後都有其動機和心理因素，有時並非只是表面上的單純吵架，而是一種爭寵的表現。當父母沒有深入了解吵架動機，而只是「公平處理」或者「一味偏袒」某個孩子的話，將造成他們心理的不平衡。甚至，父母也應注意，當自己特別偏愛某個孩子時，會讓孩子因其內心不平衡而把憤怒發洩在兄弟姐妹身上。因此，在家庭中有幾個重要原則，是需要父母仔細觀察並建立：

1. 孩子擁有父母相同的愛

　　父母須省思自己是否因外在因素而偏心，像是重男輕女、以貌取人等。另

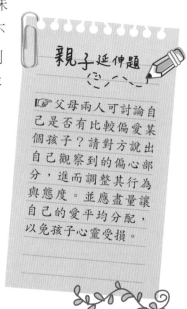

親子延伸題

☞父母兩人可討論自己是否有比較偏愛某個孩子？請對方說出自己觀察到的偏心部分，進而調整其行為與態度。並應盡量讓自己的愛平均分配，以免孩子心靈受損。

外，像是年齡差距所造成的偏心，如弟弟年紀小須抱著餵奶等有急迫性的需求會讓兄姐吃醋，並產生一種「他要什麼都有，而我總是挨罵，或總是要讓他」的不平衡心情。由於孩子非常敏感，因此父母必須盡量做到公平，並解釋自己為何會多關注某個孩子一些，讓孩子知道爸媽並非偏心，而是因弟妹或兄姐有需求，使其知道他們擁有父母相同的愛。

2. 發揮孩子特長

　　當一個家庭中有兩個以上的孩子時，爭吵在所難免，因為他們都急於向父母表現自己，所以父母可觀察每個孩子不同的特質、優點，分別在家庭中給予獨特的角色，以發揮其特長，如老大會彈鋼琴，可讓他在特別節日時伴奏；老二比較貼心，可讓他協助較細部的工作。當然，孩子完成後，也要給予他們一個鼓勵或讚賞。

　　另外，在家庭生活中，除了全家出遊的「團體活動」外，也必須為每個孩子保留與父母單獨相處的時間，這將使他們感受到父母對自己的專屬認同，進而建立安全感。

3. 學會處理爭吵

　　父母在處理孩子間的爭吵時，要公平也要明理，避免出現一些不合理的「傾向性」話語，如「你比較大，本來就應該讓他」等，這不但難以得到孩子認同，更會擴大孩子對弟妹的不滿心態。因此，父母必須訂定統一規則，如兩個人都不願意禮讓，就把東西都收起來；若兩個人態度不佳也都要處罰。甚至，也要讓孩子們學會處理紛爭，因有時父母的過度介入，孩子會更不懂得找尋解決方

法，故試著讓孩子解決爭吵並自己協調和好，將能增進他們解決事務的能力。

也許父母會認為，儘管自己再怎麼努力地維持和諧與公平，孩子們還是會覺得有一方才是最受寵的。的確，父母並非聖人，也需要與孩子一同學習、調整態度，如此才能確保孩子在健康的環境下成長。並且值得一提的是，當父母盡可能表達相同的愛，並讚美孩子的特點時，會讓孩子感到備受關愛而產生滿足感，進一步地去愛自己的手足，懂得如何珍愛他人。

 孩子喜歡你這樣教！

＊與孩子創造專屬時間

父母應與孩子創造兩人的專屬時間，可帶孩子去逛街、吃東西、玩樂等，通常孩子會因心情愉悅，且在充滿安全感的情況下，說出自己的心聲，甚至是看法。並且，父母可在與孩子的對談與互動中，增進親子關係。

＊切勿將子女相互比較

當你稱讚其中一個子女時，千萬不要忘記鼓勵另一個孩子。此外，父母應避免經常將孩子相互比較，以免兄弟姊妹間產生嫉妒，導致失和。而父母也應謹記對子女的「愛」要平等，假使出現偏心情形，容易使孩子之間產生爭寵現象，甚至有怨恨之心，此時父母可個別向孩子說你有多愛他與重視他，讓他們知道父母對自己的愛並未減少。

＊保持中立態度

當兄弟姊妹出現爭執時，父母必須保持中立，並讓雙方都有表達「理由與道理」的機會。同時，父母必須用心聆聽孩子的弦外之音，在了解事情始末之後，若發現其中一方說謊，應避免當下責備，而是先了解動機後，再指正孩子的錯誤。

家庭討論培養孩子的自主想法
～教養，學習引導孩子表達意見

表達意見是將自己的想法陳述出來，故父母應訓練孩子這項能力，引導他「多說」，並避免急於否定，以免削弱孩子的表達意願！

輕鬆教養談

親子Story

　　敬棠是個很有主見的孩子，凡事都有自己的想法！因為善於表達的關係，他的思考能力與語言技巧比一般孩子傑出，這與敬棠媽媽從小會主動詢問孩子的意見有關。

　　之前發生嚴重風災，台灣各地紛紛舉辦了賑災活動，媽媽一邊讀報，一邊與敬棠分享。

　　「這次災情真是太嚴重了，社會各地都發揮了善心，但是我認為最該注意的不是災後重建，而是平時政府對於地方建設與水土保持的要求，應該要再更嚴謹一點！你認為呢？」媽媽說。

「我也這麼覺得，因為颱風帶來的龐大雨量導致山坡地出現土石流的情形，政府應該要多加注意。但是，媽媽，妳說的水土保持是什麼意思啊？」敬棠思考了一下。為此，媽媽還特別解釋了「水土保持」的意思。

在討論時事的過程中，媽媽不僅了解了敬棠的想法，也能藉此發現孩子不懂的地方，透過相關訊息的傳遞，也同時增進了孩子的知識。

與孩子聊天，啟發自主與理性

為啟發孩子的理性，使其更加懂事、成熟，父母應以尊重及信任的角度來教育他。並且，除了給予孩子選擇的權利外，還必須同時創造機會，引導他們發表意見、訓練邏輯思維。

例如，當父母討論事情時，可以適時詢問孩子的想法；或者討論事關孩子的問題時，在過程中便應當鼓勵孩子一同參與，使其覺得自己的意見受到重視，從而發展對事物的認知與分析能力。

美國教育家赫欽斯，在著作《教育中的衝突》裡談到：「什麼是教育？教育就是幫助學生學會自己思考，作出獨立判斷，並成為一個負責的公民。」而父母、師長鼓勵孩子表達意見的用意就在於此。

例如看新聞時，若有關兒童生活、教育、飲食等相關事件，父

母可當場問孩子：「你對這件事情有什麼想法？」鼓勵孩子發表意見，以從中培養自信。

而父母若在處理與孩子相關的事情時，更應充分考慮其想法意見，例如幫孩子選擇安親、才藝班時，須事先徵求孩子的意見，詢問他們對哪方面的活動感興趣，想要學習哪些課程？喜歡什麼樣的老師？想要到哪一個班別等。必要時，還可以與孩子一同拜訪這些補習班，讓他們親身參與。

親子延伸題

☞童話故事可以豐富孩子的心靈，而父母也可藉此訓練孩子的表達能力，例如故事說到一半，請孩子想像並說出後續內容與結局，讓孩子在思考與表達的過程中，訓練其自主性。

採買物品時，若價錢合理，物品符合實用要求，可以讓孩子自行挑選喜歡的顏色、種類、材質。如此一來，他們會出現備受重視的感覺，並因意見受到關注，而產生成就感，甚至體驗到平等的真理。

當孩子對某件事發表自己的看法時，父母千萬不要說：「小孩子懂什麼，不要隨便提出意見！」或「我正在說話，小孩子閉嘴。」這會使孩子覺得被忽視，久而久之，便不願再與父母分享其想法。

美國賓夕法尼亞州匹茲堡大學的語言學教授M.S.斯特娜就表示，有些家庭吃飯時不讓孩子說話，甚至大人聊天也不許孩子插嘴，這可能會造成他們性格畏縮，缺乏自信；因此，她和女兒相處時，是將孩子與大人放在同等角色上，所聊的內容也都是女兒聽得懂的話題，並時常讓她表達自己的意見，在此過程中建立了她的自

信心。

　　此外，父母也不應按照自己的想法和意願，替孩子計畫好所有事情，應盡可能徵詢其意見，否則即使有妥善的安排，也會使孩子感到備受控制而沒有屬於自己的空間，並喪失發表意見、培養自信的機會。

　　尊重孩子的個性與發展，是現代教育的原則和目標。父母希望兒女出人頭地，一開始就不能揠苗助長，須充分尊重孩子的性格、需求，因勢利導，讓孩子選擇自己的未來，自由地發表意見。

孩子喜歡你這樣教！

＊讓孩子自由發揮

　　父母不應隨意干涉孩子的興趣、愛好及各種活動，必須給予孩子自由發展的空間，以建立他們的自主與積極性。

＊徵詢孩子的意見

　　父母採用強迫語氣，命令孩子服從安排或指示，或許可以暫時達到目的，但對於培養孩子成為一個獨立自主、自信快樂的人來說，卻會嚴重打擊他們做事的積極性。即使是做他們有興趣的事，也會因父母的強制行為而產生反抗情緒；但若是徵詢了孩子的意見，不僅展現出父母對孩子的尊重，同時也製造了良性的溝通。在這種民主的家庭環境下，孩子的自主能力和內在潛能將更容易得到開發，並且他們還能感受到父母的尊重與關心，進而努力達到你的期望。

＊切勿用負面言語

　　禁止以命令或教訓的語調、威嚇的行為來對孩子說話，如「給我小心點」、「快點走」、「你最好給我規矩一點」等類似話語，傷害孩子的自尊心和信心。

讓孩子浸濡在
愛中長大！

夫妻和睦，家庭氣氛融洽
～教養，學習讓孩子在愛中成長

輕鬆教養談

家庭氣氛良好與否，是孩子性格養成的關鍵。
因此夫妻間若能維持和樂融融的相處模式，孩
子的性格必定樂觀開朗！

親子Story

　　「碰！」巨大的關門聲嚇了豆豆一跳，她趕緊走出房間，
看看究竟是怎麼一回事。

　　「我跟妳說過多少次，我在加班嘛！幹嘛一直唸一直
唸。」豆豆聽到爸媽正在房裡大聲吵架。

　　「加班？你每天加班，有沒有想過我每天也累得半死。」

　　「妳累，我就不累嗎？不然妳去上班！」

　　「我去上班，誰來照顧小孩？他們兩個又是功課，又是吵
架的，老師不時都會打電話來要我去解決問題，每天都在處理
這些事，你有關心過我的感受嗎？」在客廳看電視的小元也聽

到爸媽的吵架聲，嚇得趕緊跑到姐姐旁邊。

「姐，爸媽到底怎麼了啊？好恐怖哦！」小元害怕地問，豆豆難過地搖搖頭。

小元又再繼續問：「是不是因為我們啊？他們每次吵架都說照顧我們很累、很辛苦，那是不是我們不要出現，他們就不會吵架了呢？」小元說得有點無奈。

為了安慰弟弟，姐姐故作堅強地說：「你不要這麼想……爸媽吵架是難免的，雖然有時候我也會覺得是不是因為我們才讓爸媽感情變不好，但有時想想，爸爸工作是為了這個家，媽媽也很辛苦地照顧我們，所以我想可能是他們的壓力太大了吧！」

過了一會兒，爸媽從房間出來，看到兩姐弟難過的臉，便知道是他們的吵架聲嚇到了孩子。

爸爸充滿歉意地說：「對不起！我和你媽不該那麼大聲，但我希望你們知道這和你們沒有關係，只是我們壓力太大，所以情緒有點難以控制，但我和媽媽還是愛你們的！」

聽完爸爸的解釋，兩姐弟才鬆了一口氣。看到孩子受到驚嚇的臉龐，爸爸媽媽也決定往後要以和平的溝通來解決問題，以免影響孩子的心情。

爭吵是啃食孩子安全感的蛀蟲

　　夫妻吵架在所難免，但孩子往往會因不理解大人當下使用的激烈言語，其背後含意為何，而選擇用自己的認知來消化父母間的爭執。於是，有些錯誤的觀念便影響到他們心靈的成長。

　　然而，當父母的吵架內容涉及孩子時，容易讓他們出現「父母吵架，是不是因為自己」的想法，即便父母吵架的目的與此無關，只是單純地就事論事，但比較敏感的孩子就會認為「一定是因為我，父母才會吵架，如果我不要出現在家裡可能會好一點」的錯誤認知。甚至，父母爭吵太過激烈或出現肢體衝突時，孩子更會加深這種想法而在心中產生恐懼、自責，甚至是恨意。

　　因此，他們在家裡便會開始產生不安全感，認為自己不值得被愛，不知道自己該處於什麼定位與角色，進而貶低自我價值。這些感受會因著他們的性格，促使他們對關係及生命的認知產生混淆，進而顯得沒有自信，加重不安全感，嚴重者還會在學校或外面做出自戕與傷害別人的事。

　　故父母必須了解在爭吵過後，不能期望孩子可成熟地去理解、分辨父母爭吵背後的含意。但對父母來說，有一些方法是能避免他

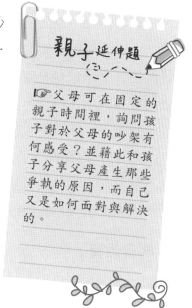

親子延伸題

☞父母可在固定的親子時間裡，詢問孩子對於父母的吵架有何感受？並藉此和孩子分享父母產生那些爭執的原因，而自己又是如何面對與解決的。

們的心靈因看到父母爭執而受到傷害的原則：

1. 慎選爭吵與衝突的地點與時機

　　父母應盡可能別在孩子面前吵架，這並不是要維持假象，而是為了保護孩子的心靈。當孩子聽到父母吵架時，很容易將過錯歸咎到自己身上，因而出現不安與恐懼。如果要避免孩子出現這些負面感受，最好關起房門來靜心討論，或者趁孩子不在時面對問題。

2. 事後與孩子解釋並表達關心

　　針對稍大一點的孩子，可以用簡單易懂的文字來表達父母之間的爭吵內容，但不需要講到細節，以免孩子擔心。其目的是要讓孩子知道，父母只是希望在某些事情上能得到共識，即便有時是因孩子的教養問題、學業而出現爭吵，也不應讓孩子知道，否則會讓他們感到不安，甚至認為父母不愛自己了。

　　此外，要關心孩子是否會因父母吵架而出現害怕、恐懼等感受，以免孩子將負面情緒隱藏在心中而影響心理健康，故父母必須提供孩子表達內心感受的管道，隨時了解其心理狀態並進行輔導。

3. 機會教育

　　對已具備理性思考的孩子，可讓他們知道父母是如何溝通及面對衝突與爭吵；讓孩子了解父母也並非完美，人都是要透過學習而成長，並和孩子分享自己必須如何改變，兩人又是如何和好，使孩子明白若是自己與他人出現衝突時該怎麼處理，對親子來說都是相當好的機會教育。當然，父母也必須謹記，不可在孩子面前說對方

的缺點與錯誤，以免孩子對其兩人觀感產生混淆。

電視新聞中，有時會出現父母因無法控制情緒爭吵，而導致無辜孩子們遭受暴力傷害或跟著父母喪生，甚至因心中缺乏愛而出現任意恐嚇、傷害同學⋯⋯等情形。其實，一個家庭的穩定與否，的確影響孩子的心靈根基是否穩固；而孩子安全感的建立，端賴於夫妻關係是否良好，以及雙方關心孩子的程度。

因此，即使是一個小小爭吵，父母也不該忽略孩子，須顧及孩子的感受並給予關心。此外，讓孩子明白父母的不完美並非壞事，相反地，當孩子看到父母願意從爭吵的過程中學習、成長，他們還能進一步內化成未來遇到類似問題時的處理模式，藉此增加他們的處事經驗。

孩子喜歡你這樣教！

*不在孩子面前吵架

　　對於孩子來說，父母是他們的天，一旦感情失和，孩子就會失去安全感，變得躁動不安、心神不寧、緊張焦慮，所以即使夫妻在生活上意見相左，仍應盡量選擇孩子不在家，或避開孩子來解決，以免造成其心靈傷害。

*不把自己的情緒加諸孩子

　　當父母情緒不好時，孩子馬上就能感受得到，如果父母長期發脾氣、愛生氣，孩子就會變得容易緊張焦慮。所以建議父母們，如果自己心情不好，應避免當場發洩；因孩子並非父母的附屬品，我們沒有權利將自己的無名火發洩到孩子身上，甚至也不必因孩子的錯誤而大發雷霆，故有效調節自己的情緒，對孩子的心靈成長大有助益。

*和孩子做朋友

　　溝通，應從心開始。為了消除孩子的焦慮感，父母可和孩子像朋友般地交流討論所遇到的難題和煩惱，進而與孩子有良好的親子溝通，以及時掌握孩子的心理動態，消除其緊張與焦慮。

"PART 6"

讓孩子成為生活道路上的強者

好習慣的培養重在實踐
～教養，學習讓孩子重複做事

「羅馬不是一天造成」，對照習慣的養成也是如此！良好的習慣必須透過不斷的實踐與鼓勵，才能有效建立！

過年時，凱廷的親朋好友們都回到爺爺家相聚，因其孩子們的年紀相差不遠，話題自然也圍繞著他們。

吃完飯後，凱廷與幾個親戚在客廳裡泡茶聊天。凱廷說道：「我們家美琪作業寫很慢，我跟她媽媽每天都要盯著她做完！」

「那要好好說她了！」凱廷的哥哥說。

「怎麼會沒有……我每天都在催她作業寫快一點。小時候還好一點，現在長大了，嫌我煩，還會跟我頂嘴，你說氣不氣人！」凱廷的老婆說道。

　　這時，在一邊玩的美琪突然插話：「我媽煩死了，每次要我做什麼時，總是唸個不停，我在旁邊寫作業，她就一直叫我快一點，快一點的！」

　　原本，美琪還想繼續往下說，卻被爸爸用眼神制止了。而一直坐著跟自己兒子聊天的怡仁（凱廷哥哥的老婆）接著說道：「其實，孩子的好習慣不是靠我們大人說出來的，而是靠訓練養成的。例如我們家形形，小時候膽子特別小，不敢晚上一個人睡覺，但我們覺得孩子始終要一個人睡，所以後來便想了一個方法：有時晚上我會故意關燈，當孩子感到害怕時，我就會跑到他面前安慰他，跟他說話，分散其注意力，過了好一陣子，他的膽子才慢慢變大，晚上不僅不怕黑，也敢一個人睡覺了。」

　　凱廷的哥哥也補充：「對啊！形形一開始也不太會握筆，講了很多次都沒有用，後來他媽媽就親自教導，每天監督他寫字的手勢，做對就獎勵他，不對就糾正，大概過了兩三個星期，他就會正確拿筆了。」

　　凱廷和他的老婆聽完後，點點頭表示認同，決定改變對美琪的教育方式，以鼓勵與反覆訓練的方法來取代批評與責備。

好習慣，是靠鼓勵與練習催生的

播種行為，可以收獲習慣；播種習慣，可以收獲性格；播種性格，可以收獲命運。孩子的好習慣不是用「說教」催生，而是藉由重複的練習與父母的鼓勵所養成。

當孩子不知道怎麼做一件事時，不管你怎麼說他，都是無效的，因為他最終還是不知道操作的方式和流程；假使父母此時又批評、數落孩子，不僅會讓他們產生自卑心理，還會使其逃避學習新事物，對孩子的身心發展不利。

根據研究顯示，好習慣需要21天以上的重複練習才得以形成，而經由90天的反覆訓練則會變成穩定的習慣。由此可知，假使一個觀念被他人或是自己驗證了21天以上，就一定會變成根深蒂固的信念。

而習慣的形成，大致可分成以下三個階段：

第一階段是剛開始的1～7天左右：

此階段的特徵是「刻意，不自然」。意即需要經過父母不斷地提醒，才能使孩子刻意改變。當然，此時期的孩子會因受挫而感到有些不舒服，故父母的鼓勵與支持，便是他們繼續嘗試的動力。

親子延伸題

☞針對孩子習慣的養成要有足夠的耐心，當孩子做不好時，父母應杜絕吼叫、指責與數落，應以耐心、鼓勵的方式，讓孩子重拾信心、繼續挑戰。久而久之，好習慣在不斷演練下便會形成。

第二階段是7～21天左右：

此階段的特徵是「刻意，自然」。意即孩子雖然已經比較能接受了，但稍不留意，還是會回復到從前，因此父母還是需要刻意地提醒孩子改變。

第三階段是21～90天左右：

此階段的特徵是「不經意，自然」，亦被稱為「習慣性的穩定期」。其實這就是所謂的「習慣」，一旦進入此階段就已經完成了自我改造，並成為自己生命中的一部分，自然而然地出現。

養成一個習慣，至少需要21天的時間，但若是改正一個壞習慣，則需要時間更長。因此，在培養孩子良好習慣的過程裡，父母必須制訂有效的訓練方案，使其按照步驟並搭配獎勵的方式來逐步養成。並且，父母要適時引導孩子總結經驗教訓，因好習慣的形成，通常是在碰壁多次後，孩子才學會反思，進而培養出正確習慣。

＊自己的事情自己做

現在的孩子大多是獨生子女，故父母、長輩對孩子便顯得格外疼愛，甚至很少讓孩子幫忙家務。長久下來，孩子的自理能力便會弱化，進而出現不良習慣。因此，父母應在生活中培養孩子自己的事情自己做，例如自己打掃房間、自己穿鞋、自己洗澡、自己洗碗等，使其在完成分內事情的過程中，培養出好習慣。

＊正確方法最重要

父母要了解，孩子在很多情形下，並非不想做事，而是不會做，此時一味地說教是無益的。這就相當於一個人想學會游泳，但必須有人教他方法一樣，對應到父母期望孩子養成某種習慣，就必須教他做這件事的方法。

例如希望孩子能有效利用時間，就必須教他分割時段並善加安排。以寫作業的例子來說，父母可教孩子將功課分段，並安排適當的時間完成每段的量，讓孩子不會覺得寫作業是種負擔，進而提高效率。事實上，當我們在灌輸孩子這些方法時，其好習慣已經在無形中建立起來。

教孩子當個公正的仲裁者
～教養，學習讓孩子處理爭執

處理孩子間的爭執，父母應保持理性並積極了解原因，但不宜對任何一方驟下評論，應站在協助者的立場讓孩子自行解決！

爸爸一下班回家，鞋子都還來不及脫，就聽見強強和圓圓大聲吵鬧。此時，弟弟哭得一把鼻涕一把眼淚地說：「爸爸！哥哥打我的頭……」

哥哥搶著說：「他也有打我！」

「哪是……明明就是你先打我……」就這樣一來一往，惹得剛回來的爸爸有些生氣，原本想罵孩子一頓，但他克制住怒氣，對兩個孩子說：「你們慢慢來！誰先告訴我，你們吵架的原因。」話一說完，兩人都吵著先說。

眼看情況越來越糟，爸爸想到了一個方法，故意說：「我

突然想到有事情要聯絡客戶，你們可以先寫下吵架的原因，並一起想出解決辦法再來告訴我，寫得越清楚越好，這樣我才有辦法判斷是誰的錯，在還沒有想好解決方法之前，不可以再動手打人。」

這時，強強和圓圓馬上衝回書房，拿起紙筆拼命寫。兩兄弟總算安靜下來，爸爸也鬆了一口氣，回到房裡洗個澡再出來，房間仍然靜悄悄，偷偷往書房一看，他們還再寫，突然聽到圓圓問哥哥：「哥哥，『搶』怎麼寫？」

哥哥得意地說：「我會寫啦！我教你。」

弟弟埋頭繼續寫，又轉頭問：「哥哥！我們一開始是怎樣吵起來的？我有點忘了。」

哥哥說：「你要跟我借橡皮擦，我不借你，你就搶我的鉛筆盒。」

弟弟想起來了，便問：「那你為什麼不借我？」

哥哥說：「誰教你上次弄丟了我的筆！」

「對不起啦！我不知道是這個原因，我以為是你小氣，不想借我……但你要告訴我啊！」

「我才不想說呢！到時你又跑去告狀，每次爸爸都叫我要讓你。」爸爸在門外聽到後，才想起每次兄弟吵架，都沒有公平處理。為了省事，總是要求哥哥退讓，真是委屈他了，這一次就讓孩子們學習自己處理糾紛吧！

爸爸回到客廳後，約莫過了一個小時，兩兄弟寫了一份很有趣的報告。

弟弟寫著：「我要向哥哥借橡皮擦，但是他不借我，我沒

有問為什麼，就用搶的，哥哥很不高興地打了我，我當然也很生氣地打他，所以以後我一定會問清楚原因。如果哥哥不借我，我一定會拜託他。並且，我要跟哥哥說抱歉，因為上次弄丟他的筆。」

哥哥寫著：「弟弟要向我借橡皮擦，但一想到上次他弄丟我的筆沒道歉，我就不想借他東西，但想不到他用搶的，我很著急，乾脆就打他……以後我一定會說明原因，不應該隨便動手打人，所以我也要跟弟弟道歉。」

爸爸看完之後問孩子：「那你們還有沒有要我幫你們解決的呢？」

兄弟倆一起說：「沒有，我們已經和好了！」

就這樣，爸爸巧妙地運用方法來轉移、緩和兄弟倆的怒氣，並讓他們自己排解了糾紛。

要相信孩子也能良好地處理爭執

針對孩子們的爭執行為，父母必須保持理性，並積極確認原因。當他們用不當方法，企圖獲得大人們的注意時，請父母不要給予立即性的反應，以免造成「負面增強」。建議應先轉移孩子的注意力，就如同故事中的父親要他們各自寫出理由，進而平撫孩子的情緒一般。其道理在於，當孩子們沒有得到期望的反應後，會漸漸

消磨怒氣，此時利用方法「誘導」他們轉移注意力，孩子很可能就會改變態度，討論出解決方法。

親子延伸題

☞當孩子間的爭執，出現一發不可收拾的情況時，請先暫時分開他們或轉移其注意力，讓孩子冷靜並平復情緒後，再進行討論，如此才能在平和的狀況下有效解決問題。

　　大部分的父母對於子女間的爭執，總是「直接仲裁」，雖然有一部分的父母會試著了解孩子的爭執過程，但傳統的教育模式依舊會讓父母阻止或勸解孩子吵架，不讓孩子有面對問題、解決問題的機會。此外，在大多數父母的成長背景中，鮮少人教會他們如何處理孩子的爭執。因此，總是錯誤地認為「抑制」孩子吵架，就是維持家庭和諧的方法。

　　其實，父母除了在平時教導他們相親相愛之外，當下爭執的處理方式也相當重要，如何讓他們大事化小、小事化無，更是一門學問。在孩子們吵架時，父母當下所說的道理是無效的，這時必須運用技巧讓孩子從憤怒情緒中抽離出來，轉移其注意力，才能有效解決。

　　處理孩子吵架，是他們練習控制情緒及解決問題的重要課題。當孩子看見父母如何以輕鬆的態度處理一件令人盛怒的事情時，日後他也會以此作為範本，學習在意見不合中，以冷靜的態度來溝通。

＊讓孩子陳述爭執內容

在孩子年幼時，請讓他們學習說出吵架理由、過程、結果，以及解決方案，如果說得不夠完整，必須讓他們重說清楚方可換人。此外，要求孩子在描述動作和心情時，一定要加上形容詞，以方便父母了解整個過程。

＊用肢體動作表演出吵架過程

待孩子稍大時，可請他們演出吵架理由、過程、結果，由父母在一旁觀看，以判斷誰對誰錯，並且用慢動作演出，尤其是涉及打架場面時，動作更要放慢，並且不可觸碰到對方身體。接著，用引導式的對話讓孩子了解自己會動手的原因，如「你覺得弟弟拿你的筆，你很不高興，所以就推他嗎」，藉由猜問法讓孩子說出自己的感受。

＊用寫作方式表達爭執

當孩子有寫作能力時，請孩子寫出吵架理由、過程、結果和解決方案，最後交上吵架心得。倘若詞不達意或有錯字，必須修正才可繳交，藉此訓練孩子的寫作能力，以及解決問題的技巧。

讓孩子哭，適當宣洩負面情緒
～教養，學習接受孩子哭泣

哭，不僅是一種發洩情緒的方式，更是情感治療的有效方法。因此，適時的流淚，將有助於身心健康！

　　這天，小澤在公園裡和朋友打架了。平常人緣不佳的他，被一群小朋友欺負地很慘。小澤回家後，媽媽嚇了一跳，只見兒子握著拳頭，頭髮凌亂，身上盡是汙泥。

　　「怎麼了？」媽媽緊張地問。

　　小澤不開口，但表情顯得相當生氣，兩個人就這樣站立良久。只見媽媽什麼話都沒說，走近小澤，用手輕輕環抱他：「哭吧！我知道你一定很難受！」

　　「我才不想哭呢！我是男生。」小澤咬牙切齒地說。

　　「噓！」媽媽依舊抱著他。

　　過了半晌，小澤終於大哭起來，這一哭，淚水再也止不住，所有的委屈在頃刻間都奔洩出來！

　　媽媽摸摸他的頭說：「其實，哭一點都不丟臉。當你哭過了，也就能釋放你內心的情緒，最後便能靜下心來看見整件事的是非對錯，進而反省、改過，這比強壓內心情緒而不哭的人更健康勇敢喔！」

　　說完，媽媽替小澤擦拭臉上的淚水，母子倆也在那天夜裡說了好多話！從那天起，小澤漸漸改變與他人的相處模式，不僅人緣慢慢變好，處事態度也變得圓融積極。

· · ♥ · · · ♥ · · · ♥ · · · ♥ · · · ♥ · · · ♥ · · · ♥ · · · ♥ · · · ♥ · · · ♥ · ·

會哭的孩子，心靈將更健康

　　綜觀父母針對孩子「哭泣」的教育方式，總是以「阻止」的態度來處理。如「不准哭」、「有什麼好哭」等，要求孩子收回眼淚。其實，這是很不健康的教育觀念。

　　一般來說，孩子哭泣將隨著不同年齡而有不同的意義。如幼齡兒童的哭泣，很可能帶著求助的訊息，故父母必須留意；而6歲以上的兒童哭泣時，其所想要表達的內涵將更為深遠，所以大人除了留意之外，還必須加上言語與行動來關懷、了解，以正確指導孩子處理負面情緒。

　　負面情緒的處理對於孩子的健全人格，有非常重要的影響。哭

泣、發怒、爭辯都是情緒宣洩的方式，特別是哭泣，會因為大人給予注意而獲得增強。兒童心理學家認為，情緒的表達沒有好與壞，只有正面和負面，而父母的責任就是教導孩子辨別行為的對錯，但不是阻止他們釋放情緒。

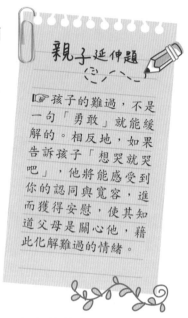

親子延伸題

☞ 孩子的難過，不是一句「勇敢」就能緩解的。相反地，如果告訴孩子「想哭就哭吧」，他將能感受到你的認同與寬容，進而獲得安慰，使其知道父母是關心他，藉此化解難過的情緒。

另外，由於社會風俗的影響，對於男童的教養較為嚴格，部分父母習慣壓抑孩子的負面情緒，告誡他們「男兒有淚不輕彈」，久而久之，孩子的情緒將更為不穩，心態也會趨於偏激。所以，父母應學習接納孩子的負面情緒，以不批判的態度來聆聽和回應，協助孩子管理自己，保持健康的心態。因此，與其「禁止」孩子哭泣，不如耐心了解孩子流淚的原因，教導他們面對。

而當孩子訴說他所受到的委屈時，父母不要急著給予意見。例如孩子因為打架輸了而哭泣，爸爸、媽媽一定會怒聲責備：「誰教你要打架」，然而此時的孩子因情緒激動，根本無法接受父母的說法，最後衝突便產生了。這時，不如以「哭吧！我知道你一定很難受」，讓孩子先宣洩情緒，等心情穩定後，再來談這件事的對錯，孩子才有可能聽進父母的建言。

孩子喜歡你這樣教！

＊冷靜等孩子哭完

　　若孩子經常以哭來引起父母注意，可在輕拍他之後轉身離開，並以堅定的眼神告訴他，哭泣不能解決問題。若孩子反而哭得更大聲，這是因為他仍期待以哭來得到家長注意。此時，父母要堅持不回應他的哭泣，並耐心等到他冷靜。必要時，可將他帶離人潮區，與孩子獨處並進行溝通。

＊給予孩子溫暖的擁抱

　　當孩子完全停止哭泣後，可輕抱他表示安慰，並與他討論剛才哭泣時的感受，如果孩子在討論時仍會適度流淚但不是大哭，父母依舊可容許但不須強調此時哭泣的必要性。

＊讓孩子整理好情緒

　　如果孩子在討論中，仍會以大聲哭泣或吵鬧以企圖達到目的時，父母必須再度拉開距離，並對孩子說「你需要一點時間，等一下我再跟你談」，或者「等你準備好要說後，我們再聊」，讓孩子先整理好情緒，再進行溝通。

開展孩子的靈活創意力
～教養，學習接受孩子的另類想法

激發孩子的創意力，有賴於父母開放的態度。
經常讓孩子嘗試些新事物，並接納孩子的另類
想法，可提升孩子天馬行空的創意力！

　　佑宇與小俞最喜歡嘗試新事物，所以家裡每天都有新鮮事
發生。而爸媽也相當尊重他們，讓孩子充分展現自己的想法。

　　「我學會了一種新的烤吐司方法！」小俞興味盎然地說。

　　「怎麼做呢？」媽媽好奇地問。

　　小俞接著詳細解說：「先用一湯匙的奶粉，加上一小杯的
水拌勻，然後把濃濃的牛奶倒在吐司上，接著再灑上一層糖，
放進烤箱裡，等到上面的水分蒸發了，就可以吃了！」

　　「來，我教你們！」小俞拉著媽媽和佑宇到廚房，從頭示
範一次給他們看，接著要他們也親手做一次。

「你幫我做啦！」佑宇不想動手，但是又深深被烤吐司的香味所吸引。

「不行，你一定要自己動手，不然怎麼會？我不要做給你吃，但是我可以教你。」小俞一副小老師的模樣，不但說教，還表現得有模有樣。

「好吧……你說先調牛奶粉是不是？」在小俞的堅持下，佑宇開始學習製作創意奶香吐司。

「輪到妳了！」看到佑宇完成吐司，小俞轉而要求媽媽。

「好，我做就是了！」雖然媽媽吃不下，但也一個口令一個動作，跟著做完一片吐司。

這是在他們家經常上演的戲碼，不是佑宇發明了一個新遊戲，要爸媽和小俞配合，就是小俞發明了小玩意兒，要其他人也一同試驗，而爸媽兩人總是會耐心地與他們一起執行。因為他們知道，陪孩子玩些新遊戲，不僅能讓孩子快樂，更可激發他們的創意。

讓孩子自由發揮天馬行空的創意

美國哲學家懷恩強調：「學習就是學著尋找樂趣。」孩子是最高明的尋寶家，並且充滿活力與創意，如何正確引導孩子的興趣，有賴於父母的認同與鼓勵。此外，父母也可隨時提醒孩子「你有什

麼點子」、「說說你的看法」，藉此靈活孩子的思考，以增進其想像力；即便剛開始孩子的創意不足，父母也不要加以批評，而是改以建議、提醒的方式來啟發孩子。

兒童教育專家謝清美女士認為，創造力是一種推陳出新，且現今社會不可或缺的能力。將生活中常見的事物以「問題」的方式讓孩子回答，可激發出幼兒的創造力，其具體方法如下：

1.「差異性」問句

父母可將兩種以上的物品給孩子比較，並且分辨其差異，訓練孩子細心、觀察與思考的能力。如「汽車和火車有什麼不同？」「漢堡和潛艇堡有什麼不一樣？」等。

2.「如果」問句

藉由假設性問句，引發孩子思考、創意與解決問題的能力。如爸爸問：「如果你溺水了怎麼辦？」年紀較小的孩子可能會回答：「找海綿寶寶來救我！」「如果海綿寶寶去蟹老闆那兒上班了呢？」這時，孩子會繼續思考下一個答案，以此培養其解決問題的能力。

3.「代替詞」問句

當孩子回答問題後，父母可用「還有呢」來鼓勵孩子說出更多答案。如奶奶問：「沒有杯子喝水怎麼辦？」孩子回答：「可拿碗！」奶奶接著繼續問：「那還有別的嗎？」孩子可能會回答：「水壺……」藉此給予孩子腦力激盪的機會。

4.「不僅」問句

　　「不僅」的問題都是將較為稀鬆平常的答案剔除，以鼓勵孩子發想更多答案。如媽媽問：「吐司不僅能做成奶香吐司外，還能變化出什麼口味呢？」讓孩子發想出更多創意思維。

5.「5W1H」問句

　　意即利用What（是什麼）、Why（為什麼）、When（何時）、Where（哪裡）、Who（誰）、How（如何做）等六種問句，引導孩子思考。如「我們幾點出發？去哪裡？為什麼去這裡？你要跟誰去？要怎麼去？這個地方是做什麼的？」以一連串的相關問題，啟發孩子深入思考。

親子延伸題

☞父母可藉由有趣的故事走入孩子的內心世界，並陪著孩子進行角色扮演，如此可激發幼兒的創意、想像能力。此外，生動的故事內容，還能使孩子培養出舉一反三的能力。

　　以上五種方式不僅能啟發孩子的想像、觀察能力，更能激發他的創新思維。並且，兒童專家謝清美也認為「腦力激盪思考法」是幫助孩子培養創意思維的方式。意即在指定時間內，集思廣益地提出不同意見，以產生大量、不同的想法和方案。建議父母不妨以日常生活問題為出發點，如一家人可以共同討論「假日好去處」及「如何處理家中雜物」等。主動邀請孩子思考，隨時拋問題給孩子，讓他們執行一些有創思的休閒活動，不但能增進親子關係，還可讓孩子變得更有主見。

孩子喜歡你這樣教！

＊增加孩子的生活經歷

　　日常生活中，要培養孩子敏銳的觀察力，可鼓勵孩子多看看四周環境，提高對事物的敏感性，以有效幫助孩子思考與創新。此外，父母可協助孩子提高生活經歷，將故障物品拆開組裝，幫忙布置房間、客廳，或幫他們報名課外活動，使孩子增廣知識，激發他們的創思與表達能力。

＊避免否定孩子的創意

　　當孩子提出不太理想的點子時，不要反駁，甚至嘲笑他幼稚，否則孩子將不敢嘗試，應找出可讚美的部分，告訴他：「很好，再想想看！或許還有更好的點子喔！」以增進孩子的自信，激發他更多創新的思考！

＊與孩子保持新話題

　　父母可經常變換新話題與孩子溝通，以不斷保持孩子的好奇心，引起孩子與父母溝通的興趣和積極性。並且，維持話題的新鮮性，可增長孩子的見識、拓展其視野，另一方面也能促進親子關係，有利於父母與孩子之間的良好互動。

時刻關注孩子情緒！

憂鬱，阻礙孩子成長的動力
～教養，學習幫助孩子排解憂鬱

輕鬆教養談

孩子成長過程中的問題與煩惱，將隨著心智年齡的成熟而增加，因此父母適度的關心，可幫助孩子排解憂鬱，使其快樂成長！

親子Story

　　最近爸媽發現剛升小五的昭德很不開心，但不知道原因為何，每天都死氣沉沉的。有一天，媽媽開口問：「昭德，你最近怎麼了？我看你都不開心，要不要說說看發生什麼事？」

　　昭德搖搖頭，沒說什麼話就回房間了。看見昭德不開口，媽媽很擔心地問爸爸：「唉，這該怎麼辦才好？你看昭德，他到底怎麼了呢？不說話讓人很擔心！」

　　爸爸也表示：「我想他或許是念書出現瓶頸，要不就是遇到了不如意的事，不如我們假日全家出去踏青，到時再來問問他。」

隔天，全家人一起外出郊遊時，爸爸趁著拿點心給昭德時關心他：「昭德，最近是不是有什麼不開心的事呢？」

昭德只簡單說：「還好。」

媽媽也關心地問：「爸媽都很關心你，如果有什麼不開心的事要說喔……是功課不懂？還是和同學之間發生了什麼事？」

這時，昭德嘆了口氣說：「唉，我覺得與同學相處比功課還難搞很多。」

爸爸說：「哦？說來聽聽。」

這時昭德才表示他的好同學煌偉，因為自己和他喜歡的女生說話，便與他斷交了。然後那個女生也因此不敢跟他聊天，這讓昭德覺得心情很鬱悶。

聽完昭德的煩惱，爸爸拉著他走到山頭，看看山下的風景說：「昭德，你看，這個世界那麼大，你遇到的只是人生中『有點困難』的問題，看開一點，正面看待事情，人生反而會有趣一些。來，深呼吸一下，你會覺得舒服一點。」昭德經爸爸這麼一說，也覺得自己不該陷入那死胡同裡，終於出現難得的笑容。

讓孩子的鬱悶情緒撥雲見日

　　根據專家指出，孩童出現憂鬱的傾向有越來越早的趨勢。當然這只是一些預兆，並非真正嚴重的憂鬱症。然而，當孩子進入青春期時，便會開始面臨接踵而來的壓力，包括課業、人際互動、感情問題以及同儕、家庭關係等。

　　通常這些壓力會讓青少年不知如何適應，再加上他們正開始邁向獨立的階段，因此將會遇到更多的人生問題，甚至是害怕家人擔心或在意他人眼光而逃避尋求意見。此外，有些想法較為負面的青少年，很可能會因此產生躲避人群及自殺的念頭。

　　事實上，當孩子到了青少年時期，同儕的影響力便會超越父母，所以從小和孩子保持良好且正面的溝通模式及信任關係，才能避免出現代溝。身為過來人的父母應能體會，此時期的孩子並不是天生就懂得克服壓力，這其實有賴於父母從小陪伴孩子面對挫折，並適時提醒孩子、給予幫助，當建立起親子間的信任後，他們才會在遇到問題時，願意分享及尋求意見。

　　根據心理醫師指出，當孩子面臨壓力時，心理上可能會出現如悶悶不樂、自信心低落、易怒；生理上則容易有疲倦、沒胃口、失眠，嚴重者甚至出現拔頭髮、咬嘴唇、捏手指頭等現象；而行為上像是不專心、沒精神、不願意上學、自殘、自殺等反應，這些都可能是孩子面臨壓力時所產生的憂鬱情緒。此時，父母不應責備，而是關懷孩子、詢問他們是否面臨了壓力，並鼓勵孩子與你分享，而父母亦可和孩子述說自己青少年時面臨的壓力及克服過程，減輕孩

子的孤獨感。

　　此外，亦要了解孩子的人際互動，如他們在交友上有無困擾、常和哪些朋友相處、與朋友之間的溝通模式及互動，關心孩子與朋友最近發生的事情。由於青少年階段，其同儕關係的影響較大，因此朋友的一句話都足以動搖他們的心情；當孩子不了解同儕的話中含意，也不懂如何處理負面情緒時，將使孩子出現鬱悶，自我價值感低落的情形。

親子延伸題

☞問問孩子通常什麼事會讓他們產生壓力，並經常關心孩子是否有不開心的事，以及平常會怎麼面對挫折及排解負面情緒，藉此關心孩子的生活情形，並給予協助。

　　因此，當孩子與你分享他的心情時，請不要拒絕他們，這可能代表一種求救訊號，父母應放下手邊工作，聆聽他們的心事，用溫柔的語氣給予中肯建議，並表達願意陪伴孩子一同渡過的立場。

　　此外，父母也應懂得傾聽孩子問題背後的真正含意，因有時青少年叛逆是反應出其承受的壓力及不懂排解情緒所出現的行為，並不一定是單一事件所造成。

　　二〇〇六年，人本教育基金會在一位建中學生因不想去補習而跳樓自殺的報導中指出，如果要更深刻地了解孩子，就應該更深入地問：「這位建中學生為什麼會因不想去補習而自殺？正常的孩子遇到一些不想做的事情時，通常都能調適，或有一些與壓力並存的技能。但為什麼這個孩子並未出現這項能力呢？」

　　其實，有時孩子會產生憂鬱情緒，有一部分是因為感覺自己能力不足而產生挫折感，所以父母必須從小教導孩子積極正面的思

考，讓他知道挫折並非壞事，也不用感到灰心，反而可將其看成是自我成長的學習機會。

當孩子遇到挫折時，可運用「自問自答拆解法」讓孩子檢視自己害怕的根源，如學測到來使孩子出現緊張焦慮，這時可教孩子靜下心來問自己「到底在擔心什麼」，也許會回答「怕考不上學校」，這時再請他們自問「考不上會怎樣」，其可能回答為「考不上會讓父母失望並多花一筆補習費」……，以此類推檢視自己內心最為擔憂的原因。

並且，父母也可培養孩子多元的價值觀，讓他知道「當上帝為你關上一扇門，必定會為你開啟另一扇窗」，問題是可以解決的，當你跨越困難的鴻溝時，前方將是一片光明前景。

＊改變對待孩子的專制態度

　　父母應多關心、理解孩子，並對他們加以開導，避免出現專制的家長作風。應讓孩子將自己心中的鬱悶傾吐出來，並協助他們解決問題，或給予合理解釋，讓孩子感受到父母是他們最親近的人。如此一來，孩子的憂鬱情緒將會得到改善，並了解自己並非孤獨一人。

＊不要對孩子過度管教

　　隨著孩子逐漸長大，有了自己的思想、權利和自由，因此他們喜歡在同代人中尋找歡樂、尋求共處，而對父母過多的干涉往往會表示反感，故家長們應充分認識到這一點，給予孩子多一點的自由空間。

＊創造和諧環境

　　父母應努力為孩子創造一個愉快的環境，例如每週規劃親子談心時間及戶外郊遊，以建立親子間的良好關係及溝通模式；甚至可安排團體活動，增進他們與同齡兒童的交往，豐富他們的精神生活，開闊他們的心理世界。

別讓霸凌造成
孩子陰影！

教導孩子勇於面對霸凌
～教養，學習杜絕霸凌的侵擾

輕鬆教養談

近年來，校園霸凌猖獗，父母相當關心孩子的
在校安全，但給予關注的同時，更應協助孩子
勇於面對並解決問題！

親子Story

　　今天是捷凱進入新學校的第三週，因剛轉換環境，所以出現極大的壓力與不適應。放學後，捷凱悶悶不樂地走在回家路上，迎面而來的三個高年級生上下打量他，發現他是「新面孔」，便要求他交保護費。

　　捷凱聽到後，心頭一震，不知該如何是好，便說：「我身上沒錢。」

　　聽到捷凱的回答，其中一位學生惡狠狠地瞪著他：「沒錢？好！那我給你三天時間，三天後記得把三百元交到我們手上。還有，要是你敢和任何人說你就死定了，知道嗎？明天我

們會再來找你。走！」

捷凱帶著驚恐回到家裡，連飯也吃不下。爸媽覺得奇怪，便問他：「怎麼了？在學校不開心嗎？」

捷凱想起那三個高年級生的話，對今天的事便一個字也不敢提：「哦，沒有，我不舒服。」

爸爸看到兒子表情有些為難，便問：「捷凱，有什麼事可以跟我們說，我知道換環境會有壓力，是不是跟同學處不來，還是有人欺負你？」

聽到爸爸的關心，捷凱再也藏不住祕密，便哭了出來：「爸媽，我今天回家的時候遇到有人向我要錢，我好害怕……」

爸媽聽到後嚇了一跳，趕緊問清楚事情的過程，這才知道捷凱被人勒索。爸爸安撫道：「捷凱，不要害怕，明天我陪你去學校。還有記得遇到這種事一定要和爸媽還有老師說，千萬不要自己一個人面對，知道嗎？」

捷凱這才放心道：「嗯！爸，我知道了。」

建立安全感，讓霸凌遠離孩子

根據兒童福利聯盟文教基金會研究指出：曾是校園小霸王的男孩，其到二十四歲為止，有百分之六十的人至少有一次犯罪紀錄，

而高達百分之四十的人更有三次或三次以上的犯罪紀錄；相較於沒有展現霸凌（bully）行為的小孩，他們只有百分之十的人有犯罪紀錄。

　　而密西根大學心理學家E. Eron進行了長達三十五年縱貫性研究發現：八歲時有霸凌行為者，往後的一生中都會出現霸凌行為。甚至在二〇〇七年校園「霸凌者」現況調查報告中指出，隨著網路世界的發展，另一種新興的霸凌方式——網路霸凌（cyber bully）也開始出現。網路霸凌行為包括：孩子使用網路散布

親子延伸題

☞父母可透過角色扮演讓孩子熟悉如何應對霸凌，甚至也應教導孩子遇到被嘲笑或欺負的狀況時，須以堅定的態度拒絕對方。此外，父母也應經常鼓勵孩子，讓他們知道任何困難都能得到父母的協助。

謠言、留下辱罵或嘲笑的字眼等。有鑑於此，為了預防孩子出現被勒索或欺負他人的情況，父母應留意孩子所出現的異狀，並從小樹立孩子尊重他人與保護自己的觀念。

　　事實上，勒索情形已有年齡層降低的趨勢，小至從幼稚園大班開始，就有同學要求和孩子交換玩具，或者威脅他送東西等，因此父母必須用心觀察孩子的行為與情緒，以儘早發現異狀。諸如孩子害怕上學、突然感到焦慮或緊張、缺乏朋友、帶去學校的東西經常不見、衣物與文具出現不尋常的破損等，都有可能顯示孩子被勒索或霸凌，因此要經常關心孩子的學校生活，並與其溝通，建立互相信任的親子關係。

　　而當孩子受到勒索但在未被傷害的前提下，應教導孩子先向對方表達不滿；倘若對方持傷害性武器並危及生命安全時，則應教導

孩子先保護自己的安全，給他們想要的東西，再通報師長及父母，並且父母一定要和校方保持密切聯繫。根據挪威心理學家歐維斯（Dan Olweus）研究指出，學校積極介入霸凌事件，並發展出安全的校園氣氛，將使霸凌的情形獲得改善。

　　然而，父母也要教導孩子看到別人被霸凌時，應有同理心及正義感，必須及時通報老師和父母，不可冷眼旁觀。相反地，若是你的孩子欺負他人，要明白告知他這是錯誤的行為，並注意他們的心理狀態。

　　根據荷蘭格羅寧根大學社會學教授Rene Veenstra博士表示，霸凌者通常是希望被注意，並將其視為受歡迎的方式之一，因此當孩子出現這種狀況時，父母、老師應觀察家庭與校園環境是否出現問題，並教導孩子應從小學習尊重他人，體會受凌者的心理困擾與孤立無援的感受。

＊協助被霸凌的孩子振作

　　針對長期被勒索的孩子，內心會感到焦慮不安、沒自信與沒安全感，且孤僻者居多，對於內向、朋友較少的孩子來說，父母應協助孩子參加活動來培養他們的自信心，並與他人建立良好友誼；根據心理醫師指出，即便霸凌事件結束，被霸凌者的心理傷害將會影響到成年。所以，父母應隨時關注孩子的性格及情緒是否出現異狀，並及時輔導、鼓勵孩子，以免在長期的心理壓力下過於沮喪而出現自殺念頭。當然，如果孩子在同個學校或地區仍是長期被勒索並無法解決時，建議父母轉校以杜絕此類事件。

＊培養孩子好EQ

　　父母應培養孩子控制情緒的能力，不要輕易被激怒或威嚇，教導他們不要太在意別人的嘲笑，也鼓勵孩子多說「請、謝謝、對不起」等禮貌用語，以建立與他人的友善關係。此外，教導孩子多以謙虛、尊重和欣賞他人的態度交朋友，可避免自己單獨一人，進而使自己增加受到欺負的機會。

父母並非天生會教，他們是以孩子的特性作調整；
希望孩子是什麼樣的人，就應該「學」著當你所期望中的父母！

父母並非天生會教，他們是以孩子的特性作調整；
希望孩子是什麼樣的人，就應該「學」著當你所期望中的父母！

父母並非天生會教，他們是以孩子的特性作調整；
希望孩子是什麼樣的人，就應該「學」著當你所期望中的父母！

讓辛苦的職業父母享受**親子共讀**的**幸福時光！**

不論晨讀或睡前，**5**分鐘小故事，就是剛剛好

《剛剛好一起讀的小故事》

爸媽，不要再說你沒有時間說故事了

這是一本專為辛苦工作的職業父母量身訂做的親子共同讀物！

善用小空檔，再也聽不到孩子失望地說：「好久沒聽到小故事了喔。」

素質教養專家 **王擎天◎**編著

定價：**280**元

聯名推薦
親職教養專家
林攸餘、王瀞儀

活泉書坊讓您品味教養，與孩子的身心零距離！

用對方法，開啟天賦

王擎天◎編著
定價：280元

為什麼教出小皇帝？

王擎天◎編著
定價：280元

**父母一定要知道的
50個教養關鍵**

王擎天◎編著
定價：280元

**父母最不該說
的50句話**

歐陽曦◎編著
定價：260元

**父母一定要說
的50句話**

陳琪芬、陳可卉◎編著
定價：260元

**當孩子最好的
營養師**

劉沁瑜◎編著
定價：280元

采舍國際　　活泉書坊

懶人 也能成為 家事王

省時省力的超效清潔術

活泉書坊編輯團隊 編著

達人訣竅 + 步驟掃除法 + 家事王小撇步 + 密技大公開

節省時間、不費體力，掃除也能簡單又有趣。
連懶人都能學會的超效清潔術，
教你成為生活家事王。

清潔溜溜小妙招

☆掃帚加絲襪讓灰塵無所遁形。　☆利用吹風機輕鬆撕下貼紙。
☆馬鈴薯切片可除去鏡面汙垢。　☆紅茶、咖啡渣立即消除異味。

掃除密技大公開

定價 **190**元

how to do!!
達人教你這樣做！

達人超效
清潔術

清潔呢絨壁紙

❶ 若發現髒汙時，可先用乾淨海綿擦去灰塵。但應注意須用具有柔軟纖維的海綿來擦拭，否則壁紙會變得毛絨粗糙。

❷ 用噴水器將水噴灑在骯髒處四周，以溶化汙垢，使其浮起。

❸ 待汙垢浮起之後，以家用洗潔劑浸濕脫脂棉，用按壓方式擦拭汙垢。雖然去光水有助於去除汙垢，但也有可能會使顏色剝落，甚至將壁紙弄糊。因此，可先在角落等不顯眼處進行試驗。

Check

清潔溜溜小妙計

輕鬆去除貼紙術

若想撕去貼於壁上的貼紙，可先以吹風機吹熱貼紙貼黏著處，待接著軟化失去黏性後，便易於撕去。另外，將市面上的除毛膠帶貼於貼紙之上，只要用力一撕，貼紙即可連同除毛膠帶一同撕下。

「J.K.羅琳」就是你

告別舊有出版模式，迎向屬於自己的明天，世界舞台正在等著你！

★ 想擁有自己專屬的出版品嗎？

★ 想宣揚自己的理念嗎？

★ 想為個人或企業作最好的宣傳嗎？

★ 想發表學術研究成果嗎？

★ 辛苦自編的教材想讓更多人受惠嗎？

★ 想找行銷高手經銷您的書籍嗎？

★ 苦於找不到慧眼識英雄的伯樂嗎？

★ 不想受限於出版社微薄的版稅嗎？

超強完善的發行網路

專業嚴謹的編審流程

豐富多樣的新書推廣活動

最超值的編製行銷成本

出版經驗豐富，讀者首選品牌

流程簡單，不費心

「華文網自資出版服務平台」，幫您找回應有的出版權益——

書是自己的，營收是自己的，名聲也是自己的！

想了解自資出版優惠方案嗎？請速至網站查詢或電洽：(02)2248-7896

華文網自資出版服務平台：http://www.book4u.com.tw/mybook/

台灣地區請洽：歐總編 elsa@mail.book4u.com.tw　　王總監 jack@mail.book4u.com.tw

中國大陸地區請洽：王總編 jack@mail.book4u.com.tw

港澳及其他地區請逕洽王董事長 jack@mail.book4u.com.tw

台灣射向
全球華文市場的箭！

采舍國際有限公司
不是好書，絕不發行
www.silkbook.com

采舍國際自詡為絕不讓好書寂寞的推手，秉持著出版品發行四大作業系統

【新書發行】【查補作業】【暢銷書作業】【書展作業】的基本流程，

藉由創新的行銷規劃＋有效的通路開發，以達到產銷精緻化專業分工之功能，

開創出的成績不斷受到出版界與通路端的讚揚。

未來本公司將結合各型通路及相關協力廠商，

持續向上提昇，並朝異業結盟與垂直整合努力，期望為華文出版產業貢獻一己之力。

選擇圖書總經銷商最重要的就是【三要一沒有】

★一、財力一定要雄厚！

★二、思考問題一定要兼顧出版與通路雙方的立場！

★三、一定要同時擁有業務團隊與行銷團隊！

★四、沒有強書弱書，只有暢銷書與長銷書！

選擇圖書總經銷商，采舍會是您最好的選擇！！

洽詢電話(02)8245-8786 地址 新北市中和區中山路二段366巷10號3樓 WWW.SILKBOOK.COM

國家圖書館出版品預行編目資料

好父母是學來的！不用數到3的親子教養關鍵50招
／莫旻 著.-- 初版.--新北市中和區：活泉書坊，
2012.04 面；公分．--（品味教養08）
ISBN 978-986-271-206-1（平裝）

1.親職教育　　　　2.子女教育
528.2　　　　　　　　　　　101004635

徵稿、求才

我們是最尊重作者的線上出版集團，竭誠地歡迎各領域的著名作家或有潛力的新興作者加入我們，共創各類型華文出版品的蓬勃。同時，本集團至今已結合近百家出版同盟，為因應持續擴展的出版業務，我們極需要親子教養、健康養生等領域的菁英分子，只要你有自信與熱忱，歡迎加入我們的出版行列，專兼職均可。

意者請洽：

活泉書坊
地址 新北市中和區中山路2段366巷10號10樓
電話 2248-7896 ext.305 黃小姐
傳真 2248-7758
E-mail ying0952@mail.book4u.com.tw

活泉書坊

好父母是學來的！
不用數到3的親子教養關鍵50招

出 版 者 ■ 活泉書坊

作　　　者 ■ 莫旻　　　　　　　　文字編輯 ■ 黃纓婷
總 編 輯 ■ 歐綾織　　　　　　　美術設計 ■ 蔡億盈

郵撥帳號 ■ 50017206 采舍國際有限公司（郵撥購買，請另付一成郵資）
台灣出版中心 ■ 新北市中和區中山路2段366巷10號10樓
電　　話 ■ (02) 2248-7896　　　　傳　　真 ■ (02) 2248-7758
物流中心 ■ 新北市中和區中山路2段366巷10號3樓
電　　話 ■ (02) 8245-8786　　　　傳　　真 ■ (02) 8245-8718
I S B N ■ 978-986-271-206-1
出版日期 ■ 2012年4月

全球華文市場總代理 / 采舍國際
地　　址 ■ 新北市中和區中山路2段366巷10號3樓
電　　話 ■ (02) 8245-8786　　　　傳　　真 ■ (02) 8245-8718

新絲路網路書店
地　　址 ■ 新北市中和區中山路2段366巷10號10樓
網　　址 ■ www.silkbook.com
電　　話 ■ (02) 8245-9896　　　　傳　　真 ■ (02) 8245-8819

線上總代理 ■ 全球華文聯合出版平台
主題討論區 ■ http://www.silkbook.com/bookclub ◎ 新絲路讀書會
紙本書平台 ■ http://www.silkbook.com　　　　◎ 新絲路網路書店
電子書下載 ■ http://www.book4u.com.tw　　　◎ 電子書中心（Acrobat Reader）

本書全程採減碳印製流程並使用優質中性紙（Acid & Alkali Free）最符環保需求。

華文自資出版平台
www.book4u.com.tw
elsa @mail.book4u.com.tw
ying0952@mail.book4u.com.tw

全球最大的華文圖書自費出版中心
專業客製化自資出版‧發行通路全國最強！